옥상과 창문

옥상과 창문

눈으로 보는 건축 시간으로 보는 도시

엮은이의 글

     이 책은 도시연구가 최호진과 건축가 이주타가 지난 십여 년에 걸쳐 도시를 관찰하고 탐구한 개인적 기록들을 수집하여 재구성한 것이다. 그들이 개인적으로 쌓아 온 날 것의 데이터들은 수많은 변화를 겪으며 모습을 바꾸어온 이 도시를 읽는 귀중한 자료가 된다. 이 책에서 두 저자가 주로 이야기에 담은 것은 근대 이후 고도의 성장과 산업화 과정에서 사라진 것과 남아있는 것이 공존하는 도시의 경관이다. 그들은 이 도시의 거리를 걸으며 건축물, 골목길의 풍경, 도로와 시설을 관찰하고, 도시 개발과 시간의 흐름에 의해 변화를 겪는 동네를 목격하며, 그 속에서 새로운 미래와 남아 있는 과거를 찾아낸다.

     이 책의 제목『옥상과 창문: 눈으로 보는 건축 시간으로 보는 도시』는 이 도시를 관찰하는 두 저자의 서로 다른 태도를 대변한다. 도시연구가 최호진은 옥상에 올라 한 지역을 전체적으로 조망하면서 지붕들이 연결된 모습, 도로에 의해 형성된 동네의 구획을 관찰하여 이 도시의 변화상을 읽는다. 그가 옥상으로부터의 풍경에 관심을 갖는 것은 옥상이야말로 도시의 변화를 파악하기에 가장 좋은 시야를 확보할 수 있는 장소라는 생각에서다. 반면에, 건축가 이주타는 건축물의 입면을 관찰하고, 오래된 건축물에 쓰인 재료를 살펴본다. "과거에 만들어진 창문의 목제 틀이나 유리 같은 것들을 눈여겨볼 필요가 있어요. 혹시 현재에 같은 방식을 재현한다고 할 때 과거의 건축 방식을 읽는 귀중한 자료가 되죠."라는 그의 말은, 과거로부터 현재로 이어지는 연결고리를 찾는 건축가로서의 생각이 담겨 있다. 바깥 풍경을 보기 위한 창문을 통해 마치 과거를 들여다보는 셈이다.

1부에서는 지음(知音) 건축도시연구소의 최호진 소장이 이 도시의 구석구석을 걸으며 수집하고 기록해 놓은 자료들을 통해 도시 개발과 그 이면에 얽힌 지역 정체성과 도시 생태계에 관한 이야기를 들려준다. 문래동 영단주택단지, 청량리 부흥주택, 낙산에서 내려다 본 풍경, 정릉과 북촌, 변화하는 성북동의 모습 등 그가 관찰한 옥상으로부터의 풍경은, 지금 우리 눈 앞에 펼쳐진 이 거대도시 서울이 사회적·제도적 변화를 거쳐 현재에 이르기까지 우리의 주변 환경을 만들어 온 풍경이며, 동시에 그 안에는 남아있는 건축물과 새롭게 들어선 건축물 사이의 조화 혹은 부조화가 존재함을 한 눈에 보여준다.

2부에서는 어반트리 건축사사무소의 이주타 소장이 건축가의 시선으로 이야기를 풀어낸다. 그는 체부동 교회나 딜쿠샤처럼 일상에서 마주치는 건축 자산이라든지, 동네나 시장에서 흔히 만나는 노후 건축물에 사용된 벽돌, 창문 같은 건축적 소재를 통해 우리 주변 동네의 역사를 인식하고 시간의 흐름 속에 자리하는 건축물의 의미를 건축가로서의 정체성을 통해 이야기한다. 도시를 걷다가 골목길 한 켠에서 마주친 건축물들은 쉽게 지나쳤을 지도 모를 것들이지만, 우리는 그의 눈을 통해 우리 주변에 남아 있는 건축 자산을 다시 돌아보게 된다.

두 저자의 이야기가 이 책으로 출판되기까지 2년 남짓의 시간을 기다렸다. 이 책의 시발점이 된 것은 지난 2017년으로 거슬러 올라간다. 2017년 7월, 홍은동의 오래된 주택 지하를 보수한 예술공간 플랜비 프로젝트 스페이스에서 〈아케이드 씨티〉라는 전시가 개최되었다. 전시명의 '아케이드 씨티'는 발터 벤야민의 『아케이드 프로젝트』에서 따온 것으로, 당시 이 책의 두 저자이기도 한 도시연구가 최호진과 건축가 이주타의 이야기를 구술 채록하는 작업을 진행하였다. 2년의 시간이 흘러 2019년 9월, 사라지는 장소들의 '부재'와 '현존'이 만드는 유령 도시를 테마로 한 전시 〈고스트 씨티〉에서 이 구술 기록은 출판물의 형태로 재구성된다. 구술 기록을 원고로 옮기는 작업을 거쳐, 원고를 보강하고 수정하는 작업을 진행하고 자료를 보충했다. 이 책을 읽는 독자들이 두 저자의 이야기들을 통해, 개발과 재생의 반복 속에서 잊혀져 가는 도시의 과거를 상기하고 우리가 살아가는 현재의 이 도시에 층층이 쌓인 다양한 삶의 모습을 돌아볼 수 있기를 바란다. 아울러, 이 도시의 변화를 그저 지나치지 않고 기록하고 기억함으로써 귀중한 자료를, 기록을, 경험을 쌓아오신 두 저자, 최호진 선생님과 이주타 선생님께 깊은 감사를 드린다.

2019년 8월, 엮은이 임보람

목차

	엮은이의 글	6
1부	들어가는 글	14
	옥상에서 보는 도시	

1. 근대 생활 건축과 현대 도시의 경관이 공존하는 곳
문래동 영단주택단지	20
청량리 부흥주택	24

2. 지역 정체성과 도시 생태계
성북동	32
이태원 보광동	36
창신동과 숭인동	40
명동	44
낙산 서울 성곽	50
북촌	54
용산의 다양성과 현재	60
서울역 일대	64

3. 도시 변화와 한옥 군락
정릉	76
권농동 한옥	80
주거지 한옥 군락	84

4. 도시 개발의 이면
서대문	92
종로, 세운상가	94
아현동	98
용산역과 용산기지 주변의 개발	100

2부　들어가는 글　　　　　　　　　110
　　　건축가의 사진 - 건축물을 본다는 것

1. 오래된 건물을 보다
남가좌동 1965년집　　　　　　120
후암동 유신기술단　　　　　　128
용두동 벽돌 창고 건물　　　　135
청계천 삼일 아파트와
황학동 일대 노후 건축물　　　141
은산교회 골목길　　　　　　　146

2. 건축자산 들여다보기
딜쿠샤　　　　　　　　　　　　154
마곡 효성금속과
염창동 노후 건축물　　　　　　162
세마창고　　　　　　　　　　　170
체부동 교회　　　　　　　　　178
숙명여대 인근 롯데기공　　　　183

3. 거리에서 마주치는 건축가들
김중업의 벽돌　　　　　　　　188
대학로 건축가들의 건축물　　　194
성산동 김헌 건축물　　　　　　200
용산 김석재 건축물,
알파와 오메가 건축연구소　　　204
마포 전쟁과여성인권 박물관　　208

4. 길에서 보는 맨홀 이야기　　215

들어가는 글
최호진

옥상에서 보는 도시

사람들의 삶이나 산업, 그리고 도시 생태계를 파악하기 위해서는 도시와 건축의 변화를 살펴보는 것이 중요하다. 실제로 필자가 직접 수많은 근현대 건축물들과, 동네, 도시 조직, 골목 등을 답사할 때는 위에서 아래를 내려다보는 전망을 주로 찾는데, 사람이 평소에 다니는 눈높이보다 위에서 도시를 내려다보면 도시 전체를 조망할 수 있고, 도시에 어떤 변화들이 일어나고 있는지 파악하기가 훨씬 더 유리하다고 생각하기 때문이다. 옥상정원을 갖춘 공공시설이나 출입이 비교적 어렵지 않은 종교시설, 출입 절차가 까다롭지 않고 외부 사람들도 자유롭게 왕래할 수 있는 계단이 있는 건물 등을 찾아 옥상에 올라간다. 옥상 공간이 열려있는 곳에서 그 지역을 내려다보는 것은 도시를 관찰하기 위한 중요한 작업이다. 사람의 눈높이에서 관심을 가지고 바라보는 곳들은 사실 굉장히 밀도가 높게 건축물들이 오밀조밀 모여 있는 곳이기 때문에, 각 건축물과 도시 조직들이 어떻게 연결이 되어 있는지 한눈에 보기 어렵다. 이러한 궁금증을 해소하기 위해서라도 옥상으로부터의 관찰은 도시와 건축을 더 잘 파악하는 방법이라고 할 수 있다. 필자가 이 책의 1부 각 장에서 이야기할 도시와 건축의 모습들은 주로 어딘가의 옥상에서 관찰한 것을 바탕으로 하고 있다.

이렇게 1부의 이야기가 옥상에서 보는 시선으로 도시를 본 것이라면, 그 이야기를 구성하는 관점은 도시 개발과 그 이면에 관한 것이다. 개발 계획으로 인해 흔들리는 지역 정체성에 관한 생각과, 과거와 현재가 공존하는 지역의 도시 생태계에 관한 생각, 그리고 주거 시설과 상업 시설의 이해관계에 관한 생각을 담았다. 서울이라는 도시의 대표적인 이미지로서, 강남의

테헤란로나 강북의 종로와 같이 한 지역을 가로지르는 큰길의 전면에 고층 건물들이 들어서 있는 모습을 흔히 떠올린다. 또는 관광자원으로 자리 잡은 전통적인 주거지 북촌, 서촌과 같은 지역을 떠올릴 수도 있다. 그러나 도시의 큰길 주변으로 빼곡히 들어선 고층 건물들의 이면에는 과거의 모습이 그대로 남아있는 곳들이 많다는 점을 주목해볼 필요가 있다. 예를 들어, 흔히 '사대문 안에 있는'이라고 서울의 중심지를 표현하는데, 이 '사대문 안'의 을지로나 종로는 높이 솟은 고층 건물들이 대로변에 자리하고 있고, 이 건물들 뒤로는 단층 혹은 5층 이하의 저층 건물들이 상당히 많이 분포하고 있다. 고층 건물 뒷골목의 저층 건물들 사이로는 작은 골목이나 차 한 대 정도 겨우 지나갈 수 있는 폭의 이면 도로들이 존재한다. 이렇게 대로 이면에 형성되어 있는 크고 작은 건축물들과 도로는 사실 다양한 환경과 상황을 품고 있는 재미있는 장소다. 큰길에 접한 고층 건물들이 업무를 위한 기능을 한다면, 그 뒷면에는 업무 기능이 담지 못한 도시 생활 및 서비스 기능을 갖추고 있다. 을지로 네거리의 한 고층 건물 뒤쪽으로 들어가면, 수많은 음식점, 소매점 또는 소규모 인쇄업체들이 굉장히 많이 밀집해있다. 대형 업무 시설에서의 서비스 이외의 나머지 모든 서비스가 이면에서 다 이루어진다. 사람들은 고층 건물에서 몰려나와 삼삼오오 모여 흡연을 하거나, 식사를 해결할 곳을 찾아서 줄을 서기도 한다. 대로와 고층 건물이 도시의 기능적 측면을 대변한다면, 이면 지역은 도시의 삶을 대변한다.

을지로 뒷골목의 풍경

　　이 책의 1부에서 필자는 옥상에 올라 도시 경관을 조망하면서 각 지역에 담긴 변화와 흐름의 이야기를 하고자 한다. 이 이야기들은 도시를 걷고, 오르고, 관찰하며 모아둔 기록과 기억으로부터 꺼내어 풀어낸 이야기들이다.

1

근대 생활 건축과 현대 도시의 경관이 공존하는 곳

문래동 영단주택단지

　　문래동 영단주택단지는 일제강점기 말 1940년대부터 현재의 모습을 갖추기 시작했다. 도시의 확장과 함께 주거나 산업 시설들이 지어지던 시기에 공동 주거 시설이 모여 지금의 문래동 영단주택단지의 생태계를 이루게 되었다. 이런 형식의 공동 주거 시설은 요즘으로 치면 아파트 단지와 같은 개념이었다. 특이하게 문래동 같은 경우 이런 시설들이 지금은 소규모 공장들의 집합 단지로 활용이 되고 있다. 문래동 단지의 땅 위를 직접 걸어보면, 커다란 지구본 같은 물건들이 밖에 나와 있는 곳들도 있고, 아직 연탄을 때는 시설들이 밖으로 노출된 곳도 있다. 거의 흡사한 패턴의 소규모 공장들이 줄을 지어 블록을 형성하면서, 차가 왕래할 수 있는 도로와 더불어 건물과 건물 사이에는 사람만이 통행할 수 있는 좁은 골목도 동시에 존재하게 되었다. 문래동을 위에서 내려다보면 주변 환경에 의해 문래동 골목들이 어떻게 남겨졌는지 그 형상을 볼 수 있다. 이러한 경관을 통해 과연 이 생태계가 언제까지 유지될 수 있을지 앞으로의 변화를 상상해 볼 수 있다.

　　이 사진은 문래동 영단주택단지의 한 가운데에 있는 교회 건물에서 내려다본 것이다. 교회 옥상에 올라가면 동서남북 사방을 다 돌아볼 수 있어서 사람 키보다 큰 건물들 속에서나 골목 안에서는 볼 수 없는 풍경이 보인다. 이 사진은 2011년도에 찍었는데, 여기서 먼 쪽으로 고층 아파트나 고층 빌딩들이 문래동 영단주택단지 주변을 둘러싸고 형성되고 있는 모습들을 볼 수 있다.

　　주거지역 주변에는 상권이 형성되어야 한다. 건축물들의 기능이 변하고 쇠퇴하면서 상권이 이쪽 영단주택 지역까지 들어왔

문래동 영단주택단지의 모습

다. 또한 지역 문화 예술 활동이 지역의 활력소가 됨과 동시에 상업의 활성화에 항상 연결되기 때문에, 이 지역은 2011년 방문했던 이후 수년 사이에도 상당히 변했다. 영단주택단지의 앞쪽으로는 상당히 넓은 경관이 형성되어 있지만 뒤쪽으로는 고층 밀집 지역들이 등장했다. 영단주택단지 주변에서는 개발로 인한 부동산 가치나 임대료 상승효과를 둘러싸고 개발 지역과 가까운 곳에서부터 문래동을 조금씩 들썩이게 하는 요인이 되고 있다. 그런 가운데에도 주거의 기능과 함께 종교시설이나 어린이집과 같은 시설이 들어서게 된다. 결국은 개발 지역에도 그에 부수적인 또 다른 어떤 시설들이 들어올 수 있는 땅이 필요하고, 그 땅을 이용해서 굉장히 밀도 높은 또 다른 공동시설들이 들어와야 하는 상황이 지속된다.

　이 영단주택단지는 주거로 활용되는 지역과는 또 다른 측면을 만들어낸다. 주거지역은 24시간 종일 이용이 되지만, 공업이나 상업 등 업무 용도로 쓰는 건물들은 업무시간 외(저녁 시간, 주말)에는 이용도가 떨어지게 된다. 이런 이유로, 주거시설보다 건물의 유지 보수 관리에 대한 인식이 낮아질 수밖에 없다. 업무나 공장이 기능하는 낮에만 잘 유지하면 되기 때문이다. 이러한 점은 독특한 경관을 형성하기도 한다. 지붕에 물이 새거나 보수가 필요할 경우 임시방편으로 지붕을 계속 덧씌우고 이어 붙이게 되니, 지붕의 재료가 각양각색이 되고 지붕의 원래 모습에서 많이 바뀌게 된다. 궁극적으로 값싸게 건축물을 유지할 수 있는 방법들을 선택하는 것이다. 그래서 이 지역의 골목골목에는 지붕을 값싸게 고쳐주는 조그만 건축업체들이나, 건축물 재료상들의 스티커와 전단이 곳곳에 붙어있는 것을 확인할 수 있다.

　근대 이후 형성된 격자형 패턴의 저층형 주거 단지는 사실상 재개발 사업에 유리한 곳이다. 철거에 큰 비용이 들지 않고 상권처럼 임대료 등이 높지 않기에 고밀도 개발이 가능하고, 소위 개발 이익이 나올 수 있는 네모난 땅이 제공되기 때문이다. 그래서 항상 개발에 노출된 곳이다. 이 네모난 땅이 어떻게 나뉘어 있고 어떤 사람들이 어떻게 소유하고 있는지에 대한 부분들을 더 연구하여, 영단주택단지의 역사적 가치를 살리면서도 지역 생태계 활성화를 성취할 수 있는 도시 관리가 필요하다.

청량리 부흥주택

문래동 영단주택단지 지역에서 1층은 공장으로 2층은 주거로 사용하는, 두 개의 목적이 혼용된 건물들을 쉽게 볼 수 있었던 것과 마찬가지로 이렇게 기능이 혼용된 건물들을 청량리 부흥주택에서도 볼 수 있다.

청량리는 일제강점기에 도시가 확장되면서, 교통이나 상권의 지역 중심지로서의 역할을 수행하는 '부도심'이 형성된 지역이다. 대규모의 주거를 공급하면서 청량리가 부도심으로서 형성된 시기는 6·25전쟁 이후로, 의식주 측면에서 사람들이 생활에 정착하기 위해서는 주(住)의 문제가 중요했다. 따라서 대량으로 주거를 공급할 수 있는 방법을 모색하였고, 동시에 '부흥'이나 '재건'과 같은 전쟁 이후에 등장한 몇 가지 키워드들이 시대상을 대변하면서, '부흥주택'들이 강북에서도 동부권과 서부권으로 지역을 확장하여 지어졌다.

청량리에 있는 부흥주택단지는 계획적으로 지어진 만큼 가지런하다는 인상을 준다. 현대에는 아파트 단지를 재건축하거나 지역 재개발 사업을 진행하려고 하더라도 평평하고 네모난 땅을 찾기 어려워, 공사비용이 올라가는 것을 감수하더라도 지하를 파거나 경사지를 깎아서 아파트 단지를 지을 수밖에 없다. 따라서 비용을 줄이고 대량으로 단시간에 지으려고 하면 평지 내지는 완만한 경사를 찾아야 하고, 이러한 맥락에서 청량리 부흥주택단지도 문래동 영단주택단지와 마찬가지로 전쟁 이후 주택 공급이 상대적으로 쉬운 땅을 찾아 구획을 지어 만들어진 곳이다. 청량리 부흥주택 같은 경우는 한 층에 두 가구씩 두 층 네 가구로 구성된 형식

청량리 부흥주택의 모습

을 갖고 있다. 이런 집들이 굉장히 복잡하게 연결되어 있어서, 사실 땅 위에서 둘러보면 그 수와 형태를 파악하기 어렵다.

그래서 이 지역도 역시 높은 곳에서 내려다보았을 때 비로소 어디서부터 어디까지가 건물 한 채의 집으로 연결이 되어 있는지 파악하기가 쉽다. 연결된 집들의 사이사이로 특정 부근의 지붕 색깔이 다르다든지 재료가 다르다든지 하는 부분들이 보인다. 원래는 하나의 긴 집이 나뉘어 있었는데, 각 구간에 거주하는 사람들이 자율적으로 집을 고쳐나가며 살아왔기 때문이다. 지붕들의 연결 상태를 관찰하면 2층짜리 부흥주택에 몇 세대가 살고 있는지 가늠해볼 수 있다. 도시의 경관을 형성해 온 이러한 2층의 저층 주택 단지들은 이후에 다세대 주택, 다가구 주택이라 불리는 3층 내지 5층 정도의 주택들로 변화한다. 부흥주택의 형태와 고층 아파트의 중간 단계라고 볼 수 있는 주택들이 형성된 것이다.

부흥주택단지의 이면 지역에는 아직도 다세대 주택의 모습들이 남아 있긴 하지만, 조금 더 먼 주변 지역으로는 여지없이 12층, 15층 이상의 고층 아파트들이 세워졌다. 이렇게 과거의 저층 주택과 현대식 고층 아파트들이 혼재된 지역에서는 거주자들 간의 마찰이 종종 발생한다. 현대식 고층 아파트에 거주하는 주민들이 오래전부터 이 지역에 존재해왔던 저층 부흥주택단지를 흉물로 취급하고, 굴러온 돌이 박힌 돌을 빼듯이 철거해달라는 요구를 하는 것이다. 그렇지만 오히려 이 땅에 어떤 사람들이 더 오래 살았고 삶을 영위해 왔는가를 생각했을 때, 서로 다른 두 주민 집단이 공존할 방법을 찾아야 할 것이다. 이 터에, 이 땅에 어떤 이유로, 어떤 집들이, 어떤 도시의 구조가 형성되어 왔는가, 이런 부분들을 지속적으로 관찰해서 사람 중심의 삶이 가능한 도시를 가꾸어 나갈 필요가 있다. 결국은 이 지역을 형성하고 살아가고 있는 사람들의 삶이라는 측면을 생각해야 하고, 생활을 유지하기 위해서 상업 활동 내지는 생산 활동을 어떤 방식으로 과거로부터 현재까지 유지해 왔는지 돌아봐야 한다. 부흥주택단지들 내 주거 지역과 상업 지역, 즉 직장과 주거가 얼마나 가까이 있는지에 대한 분석도 필요할 것이고, 주거지역으로서 어떤 가능성을 지니고 있는가, 주거와 상업이 복합적으로 쓰이는 곳들이 얼마나 지속성을 가지고 있는가에 대해서도 연구해 볼 수 있어 귀중한 자료가 될 수 있는 지역들이다.

2

지역 정체성과
도시 생태계

성북동

서울 성북구 성북동은 소위 뜨는 동네로 알려져 있다. 2010년대 초반까지는 굵직한 이름의 문화시설과 종교시설, 그리고 입소문이 난 음식점들이 있는 조용한 동네였다. 몇 년 전부터 성북동에는 민간 건축가와 예술가들이 공간을 운영하거나 작업 공간을 마련하여 들어오게 되었고, 본격적으로 행정기관의 주도하에 역사·문화를 테마로 지역에 여러 가지 계획이 수립된다. 도시 관리 차원의 계획이 아닌, 성북동의 다양한 역사·문화적 자원들을 중심으로 정비 계획, 시설, 축제 등이 만들어지고 외부 방문객들이 점점 더 많은 발길을 하게 되었다. 역사·문화의 핵심을 얘기할 수 있는 문화재와 인물의 흔적 등 다채로운 자원들이 곳곳에 있어 더 많은 사람이 찾아와 그것을 향유할 수 있게 되었다는 긍정적인 점도 있지만, 그 이면에는 대표적으로 알려진 시설 외에 도시와 동네의 역사를 말해주는 많은 한옥들과 저층 주거 건축물들이 결국 급속도로 사라지게 되는 상황이 동시에 나타나게 되었다.

성북동의 특징은 다른 도심 지역과 달리, 동네 안으로 차량이 들어올 수 있는 큰 길이 두 개 정도밖에 없고, 작은 도로까지 포함해도 동네 진출 입구는 서너 군데에 지나지 않는 특징을 가지고 있다. 성북동 남북을 대각선으로 가로지르는 도로 양옆으로 상업시설들이 들어서 있고, 동네 안쪽으로 들어가면 생활 편의를 위한 소수의 소매점만이 있는 주거지역이다.

지하철역 주변에 오랫동안 자리를 하고 있는 유명한 빵집 등이 동네의 이미지를 각인시켜 주기도 하지만, 불과 10년 안쪽으로 많은 변화가 급격히 진행되고 있기도 하다. 이러한 과정에서 가장 문제가 되는 점은 역사·문화를 주제로 한 도시 관리 계획이 수립되었음에도 불구하고, 큰 도로 이면에 조그맣고 낮은 한옥들이 없어지고 있는 것을 규제할 수가 없다는 것이다. 1층에서 3층 정도 높이의 집들이 저층 경관을 형성하던 지역에서 한옥을 포함한 단층 주택이 사라지고 그 자리에 5~6층 규모의 건물이 들어서게 되면 기존의 가로 이면 골목을 걷는 사람들이 위압감을 느낄 수밖에 없다.

이런 물리적 변화들이 계속 진행되고 있어서 주거지역의 생태계에 미칠 영향이 우려되기도 한다. 이 동네에 새로 들어온 사람들이 성북동에 어떤 마음으로 정착을 해야 할지, 이 지역에 거주하며 삶의 공간을 조성하려면 어떤 분위기를 형성해야 할지는 기존의 거주민들과 새로운 전입자들이 같이 고민할 필요가 있다. 좋은 주거지역 안에서 사람들이 동네를 걸을 수 있고, 동네에 더 머무르게 할 수 있는 분위기가 형성될 수 있는 여지를 남겨놔야 한다는 것이다. 성북동에 차를 타고 와서 돈가스나 돼지불백을 먹고 가는 기억만으로 성북동을 인지하는 것보다, 동네에 머무르면서 동네를 알 수 있게 해야 뜨는 동네 성북동을 더 잘 알릴 수 있을 것으로 생각한다. 편안한 분위기 속에서 사람들이 동네를 다니는 모습을 볼 수 있으면, 이 지역에 정착하고 싶은 사람들이 생길 수도 있고 인구 이탈률도 낮아지면서 동네가 어느 정도 유지될 것이고, 그에 따른 생활 편의 상권들도 적정히 유지될 수 있다. 이러한 주거 우선 동네 유지를 목표로 지속 가능성을 찾을 수 있음에도 불구하고 지나치게 소비문화 쪽으로만 변화가 진행된다면, 결국 지금 성북동이 가지고 있는 경관이나 수십 년간 형성되어 온 고즈넉한 분위기가 사라질 수 있는 위험한 실정에 처해 있다고 볼 수 있다.

새롭게 정착할 사람들이 이 성북동에 어떤 가치를 핵심으로 두어야 할지에 대해서 함께 고민하고, 역사·문화 공간과 더불어 지금의 단독주택 단지나 성곽 아래 북정마을부터 작은 집들이 몰려 있는 지역까지 돌아보면서, 여러 가지 측면에서 시대의 변화상을 지니고 있는 동네로서의 성북동을 보아야 할 것이다.

(위) 이제는 사라진 성북동의 어느 한옥
(아래) 뜨는 동네 성북동에 새로 들어서는 건물들의 모습

이태원 보광동

이태원은 6·25전쟁 이후 입주한 용산 미군 기지와 해방촌 주변에 위치하여 외국인들이 많이 찾는 지역이라는 인식이 있었지만, 이제는 우리나라의 젊은이들도 자연스럽게 많이 모여드는 지역으로 바뀌었다. 단순히 소비가 이루어지는 상권이라는 것 외에도 다양한 문화가 공존하는 지역으로 인식이 변하고 있는데, 그동안 주목받지 못하고 있던 장소들에 사람들의 관심과 발길이 이어지고 있다. 보광동 한국이슬람교 서울중앙성원이 대표적인 곳이다.

이슬람 사원으로 불리는 이곳에서는 일반인도 이슬람식의 예배나 종교문화를 간접적으로 경험할 수 있고, 사원 출입을 위해 갈아입을 옷을 빌려주는 공간도 마련되어 있으며, 남녀가 예배당을 분리해서 쓰는 공간에 대해 체험도 해볼 수 있다. 이슬람 중앙사원 주변으로 계단 장터와 같이 젊은 예술가들에 의한 행사가 진행되기도 했고, 이슬람권 음식을 먹을 수 있는 식당들도 늘어나면서 다양한 세계 문화를 접해볼 수 있다.

서울중앙성원에서 조금 더 남쪽의 한강 방향으로 내려오다 보면 보광동 재개발 및 재건축 예정지역이 있다. 이 길을 쭉 따라서 한강 방향으로 내려갈 때는 산이나 언덕의 어떤 흐름을 느낄 수가 있다. 이 주거지역의 중앙에 가장 높이 솟아 있는 건물들은 종교시설들이다. 이슬람 서울중앙성원의 탑이 있고, 또 보광동 중간에 위치한 개신교회가 있다. 이 교회의 건물 옥상에 올라가서 동서남북으로 훑어보면, 한강을 향해 자연스럽게 경사가 내려가고 있으면서 남북으로 뻗은 길의 양쪽, 동쪽과 서쪽으로는 경사지가 존재하고, 경사지의 거의 모든 장소에서 5층 이하의 저층 건물들이 저마다 서로를 가리지 않고 조망을 해치지 않으면서 자연스럽게 자리하고 있는 것을 볼 수 있다. 그러나 한강변 개발로 한강에 바로 인접한 곳에 고층 아파트들이 들어서면서, 언덕 위로부터 한강과 강남이 내려다보이던 경관을 고층 아파트가 독점하다시피 하는 상황이 벌어지고 있어, 경관의 향유권에 대한 새로운 접근 방식도 필요한 시기가 되었다.

　　재미있는 사실은 보광동 같은 경우 이러한 지형이 종교적 의미에서 좋은 기운을 받는다는 믿음에 영향을 받았는지, 작은 사당이나 무속 신앙과 관련된 시설들을 종종 발견할 수 있다는 것이다. 이런 터들이 자리 잡게 된 배경은 실제로 어떤 과학적인 분석보다는 민간 생활에서 전해 내려오는 풍수지리의 영향을 받았을 것으로 보인다. 앞에 물이 있고 뒤에 산이 있으며, 어느 장소에서든 다 열려 있는 지형이기 때문이다. 그래서 이 지역에는 집을 지을 때 위에서부터 아래로 내려오면서 모두가 옥상에서 조망권을 가질 수 있도록 독특한 질서가 형성되어 왔다고 보인다. 그래서 한 집의 옥상과 그 아랫집의 옥상이 계단으로 연결된 것처럼 보이는 재미있는 풍경을 만들어낸다.

　　또한, 보광동의 중심에 있는 중앙도로로 한강 쪽으로 내려가다 보면 도깨비시장이라고 하는 조그만 시장이 남아있다. 과거에 비해 지금은 활발하게 상업 행위가 이루어지고 있지는 않지만, 한때 생선 가게였음을 알 수 있는 길 한편에 놓여있는 두툼한 도마라든지, 싱크대 업체들의 간판 등 과거의 흔적들이 아직도 길 위에 남아있다. 이러한 모습들에서 시간이 멈춘 듯한 동네를 느낄 수 있다. 이는 다시 말해 상권이 쇠락하여 생활권자들 간의 교류가 활발

(위) 서울중앙성원이 보이는 보광동의 풍경
(아래) 보광동 언덕에서 한강을 내려다보는 전경. 한강변으로 고층 아파트들이 들어서고 있다.

하지 않은 동네로 보일 수 있다는 것이고, 이곳 역시 재개발의 열풍을 피해 갈 수 없는 상황임을 방증하는 것이기도 하다. 하지만 오히려 이러한 연유로 젊은 층이 들어와 다양하게 상업 활동이나 창작 활동을 벌이고 있는 곳이기도 하다. 청년들의 활동이 지역을 지켜낼 수 있는 활동으로 연결이 되면 좋겠지만, 현실적으로는 또 다시 물리적인 어떤 압력에 의해 다른 곳으로 이동해야 하는 상황이 될 것이다. 이러한 현상이 도시 전체에서 반복되고 있고, 따라서 도시의 관리, 재생 등의 영역에서 상생할 수 있는 방향을 처음부터 지역 내에서 찾아내야 하는 이유가 되기도 한다.

　보광동에서 남산 방향을 바라보면 이슬람 서울중앙성원 외에 제일 높은 건물은 남산타워, 하얏트 호텔, 그리고 제일기획 건물이다. 성장과 자본의 상징인 건물들이 산과 언덕 언저리에 어떻게 자리하고 있는지 살펴보면 건축 당시 규모와 접근성 등 여러 가지 상황들을 고려했다는 점을 알 수 있다. 이러한 커다란 규모와 높이의 건축물이 들어설 때는 기존의 건축물들과 조화를 이루며 한 지역에서 공존하는 배려의 형식을 갖추기를 바라는 마음이다. 서울중앙성원이 지어진 1970년대 중반 전후로 다세대 주택들이 대거 지어지기 시작했는데, 이런 주택들은 30년 전후의 주기로 지어졌다가 사라지는 것을 반복한다. 비워진 땅에 새 건물이 지어질 때, 동네의 형태와 경관을 적절히 유지하기 위해 이 지역에 알맞은 건축 규모는 어떤 수준인지 동네에 대한 인식을 조금만 더 고려했으면 하고 바라본다.

창신동과 숭인동

서울 한양도성 흥인지문인 동대문의 동쪽으로, 아래로는 동묘, 위로는 동망봉과 성북구로 연결되는 동망봉 터널 그 사이의 굉장히 넓은 지역이 창신동과 숭인동이다. 도시재생사업이 전국에서 일어나고 있지만 서울시에서는 창신동과 숭인동의 일부 행정동이 그 첫 시범사업 지역이자 가장 큰 규모의 도시재생사업이었다.

이 지역은 낙산 한양도성으로도 연결되고, 조선 시대 인물들에 관련된 이야기도 담고 있다. 근대에 이르러 창신동의 산자락에는 돌을 캐던 채석장이 조성되었다. 옛 한양도성의 경계 바로 바깥이지만 서울 안에서도 건축물의 재료로 쓰기 위한 돌을 캐내던 곳이 있었다는 사실은 흥미롭다. 또한 유명한 예술가 백남준이 태어났던 집터와, 화가 박수근이 활동의 정점을 찍었던 당시에 살았던 집터도 창신동에 있다. 다양하면서 다층적인 이야기를 담고 있는 곳이 바로 창신동과 숭인동이다.

도시재생사업이 이루어지면서 사업의 테마는 봉제 생태계와 주민으로 연결되었다. 이 지역에 봉제 생태계가 형성된 것은 6·25 전쟁 이후로 거슬러 올라간다. 전쟁 이후 청계천변으로 사람들이 모여들었고, 전차가 거쳐 가는 곳이면서 전차의 차고도 있었고 이후 버스터미널까지 들어섰던 동대문권역에는 시장이 발달하게 되었다. 이에 따라 끊임없이 제품의 샘플을 만들거나 가공을 할 곳이 필요했으므로 창신동이 위치상 바로 적격이었던 셈이다. 그런 연유로 이 지역에는 봉제 산업 생태계가 형성되었고, 봉제 산업에 종사하는 사람들이 거주하면서 육아를 비롯하여 지역 생활을 위한 커뮤니티들이 자연적으로 생겨나게 되었다. 지역의 자발적인 필요에 의해 마을 방송도 생기고, 학교가 있으니 동네 뿐 아니라 주변 지역에서 오는 학생들도 많았다. 개발이 진행되어 아파트가 새로 들어선 자리도 있지만, 이 지역은 낙산 방면이나 동망봉 언덕과 같은 고지대에 위치하기 때문에 아직도 소방차가 들어가기 어려운 좁은 골목들이 실핏줄처럼 연결되어 있어 주거 여건이 좋은 편은 아니다.

  그렇지만 그 속에서 살아가는 사람들의 생활공간과 산업 공간들이 공존하면서 시장이나 소매점들이 군락을 형성하고 있고, 언덕과 언덕 사이 골짜기에 대로와 지하철역이 만들어지면서 교통이 편리해지기도 했다. 시내 중심지와도 굉장히 가깝고, 주거 지역으로서도 상당히 인구수가 많은 지역이다. 이 지역 전체를 재개발할 경우 과연 어느 정도의 비율의 사람들이 재정착할 수 있을지 예측해보면 그리 긍정적이지 않을 것이다. 따라서 소규모 저층 주거밀집 지역인 이 지역에는 기존 도시 관리 정책의 대안으로서의 도시재생사업이 본격적으로 추진된 것이라고 볼 수 있다.

  재생사업을 통해 이 지역에 있었던 예술가들의 이야기를 담

저층 주택과 아파트가 공존하는 숭인동 풍경

은 공간도 생겨나고 있다. 예를 들어 백남준이 태어났던 집이 있던 터의 한옥을 매입하여, '백남준 기념관'으로 공간을 새롭게 조성하여 운영하고 있다. 이곳에는 백남준에 관한 아카이브를 접할 수 있는 전시도 열리고, 해설사도 있고, 카페 운영자도 있는데, 전문 기관의 도움을 받아 주민이 운영 주체로 참여하고 있다. 또, 이 지역의 특성인 봉제 산업을 콘텐츠로 하여 봉제박물관이라는 조그마한 문화시설이 들어서기도 했다. 이 지역에 세워진 아파트의 경우에도 한때 입주민들 간에 소통이 단절되고 갈등의 요소들이 많았던 시기도 있었으나, 이제는 입주민들이 함께 화분을 키우면서 주민 커뮤니티를 만들려는 시도가 계속 진행 중이다.

창신동과 숭인동은 종로구 안에서도 주거 밀도와 인구 밀도가 높은 곳이다. 그리고 행정동 단위당 인구수가 서울에서도 높은 편에 속하는 곳이기 때문에 사실은 정치적인 관심도 집중될 수밖에 없는 곳이기도 하다. 이 지역의 사람들이 지금 부유한 삶을 누리고 있느냐의 관점이 아니라 이 지역에 정착하고 살 때 삶의 목표와 행복의 지향점을 어떻게 가질 수 있는지의 관점을 가지고, 타 지역의 모범이 될 수 있는 방향으로 재생사업이 진행된다면 참으로 이상적일 것이다.

이 지역의 좁은 골목을 다니다 보면 일제강점기에 지어진 일본식 주택들과 1960년대 말 1970년 초에 지어진 아파트가 아직 남아 있는 모습을 볼 수 있다. 건축이나 도시 조직의 옛 흔적들이 지금까지도 남아 있는 것이다. 대규모로 값싸게 공급된 허름한 간이 한옥들도 아직 많고, 곳곳에 사찰과 같은 종교 시설들도 자리 잡고 있다. 동네가 가질 수 있는 풍부하면서 다양한 요소들이 많이 숨어 있는 곳이고, 이 동네는 종로 생태계의 연장선에 물리적으로 바로 면하고 있다. 그래서 우리는 앞으로 '이런 도시 중심지와 가까운 지역에 넓은 면적의 주거 생태계가 앞으로 어떻게 잘 자리 잡고 계속 변하며 적응할지' 지켜봐야 할 것이다.

창신동 채석장은 일제강점기 조선총독부, 경성부청, 조선은행 등을 짓는 데에 쓰인 돌들을 채석했던 곳이다. 한편으로는 건축물의 재료 공급처이기도 했지만 다른 한편으로는 일제강점기 수탈의 현장이기도 하다. 일제에 의해서 우리 자원이 쓰였고, 이곳에서 돌을 나르고 캤던 사람들은 우리의 할머니, 할아버지들이었던 것이다. 이런 맥락에서 일제강점기라는 시간을 '좋게 본다' 혹은 '나쁘게 본다'라는 차원에서의 관점이 아니라 그 시기에 만들어진 많은 것들이 결국 우리의 자원과 인력들이 동원되어서 생산된 것이라는 관점에서, 어떻게 보면 이러한 것들 역시 우리의 역사일 수 있다는 시각으로 지금 남아 있는 것을 다시 한 번 들여다보게 된다. 앞으로 다시는 그런 역사가 되풀이되지 않도록 우리에게 꼭 기억하라고 말해주는 중요한 자산이 도시 한 가운데에 있는 것이다.

채석장이 있는 창신동 풍경

명동

남대문로와 퇴계로, 을지로에 의해 구획이 형성된 곳이 지금의 명동이다. 명동은 남대문로 상권과도 바로 연결되고 자체적으로 다양한 재미있는 요소들을 가지고 있기 때문에 여전히 많은 사람들이 찾는 지역이다. 명동의 서측 출입을 맡은 남대문로 방면에는 조선 시대부터 일제강점기까지 상업 거리로서 명맥을 유지하면서 생겨난 당시의 금융 건물이나 상업 시설이 남아있다. 개중에는 없어지거나 모습이 바뀐 건축물도 있지만, 모습을 바꾼 건축물이라도 그 용도는 변하지 않고 유지되고 있는 경우도 있다. 과거 우체국이었던 건물은 형태를 바꿨지만 지금도 우체국으로 쓰이고, 백화점으로 쓰던 건물도 이름이 바뀌었지만 여전히 백화점으로 쓰인다.

남대문로부터 종로까지 이어지는 상권을 살펴보면 일제강점기에 일본인이 남산의 북쪽 사면에 있다가 종로 쪽으로 진출하려는 때에 우리나라 민간 자본들이 그 진출을 막기 위해 노력했다는 역사적인 의미도 찾을 수 있다. 명동 지역은 일본인들이 주거지를 형성하면서 많이 진출했던 곳이고, 반면 조선인 주거지는 종로를 중심으로 형성되어 있었기 때문에, 종로의 상인들이 서로 연합하여 종로라는 중심지와 그 위쪽을 지키기 위해 노력했다고 한다.

명동에는 종교적 상징인 명동성당도 있는데, 명동성당 성역화 및 주변지역 정비 사업이 진행되면서, 민주화 운동의 상징과도 같았던 성당 진입 경사로가 직선의 계단 길로 바뀌고 지하로 상업 시설이 들어오는 등 성당의 활용을 위해 많이 정비를 하였지만, 동시에 문화재로서의 가치 훼손이나 공간의 상업적 활용으로 스스로 옛 모습을 잃어갔다는 비판적인 목소리도 나왔다. 명동의 동쪽에 있던 중앙극장은 사라지고 그 자리에 고층 건물이 들어섰고, 지금의 외환은행 본점은 일제가 우리나라의 자원을 수탈했던 동양척식주식회사 본점이 있던 역사적인 자리에 세워졌다. 명동은 근대기에 많은 문화예술인이 교류했던 지역이기도 해서, 근대기 문화예술인이 모여들었던 은성주점의 터가 남아 있다. 또한 1950년대의 분위기를 그대로 간직하고 있는 왕실다방에서는 옛날식 다방문화를 느낄 수 있다. 지금 사람들은 명동을 상업 지역으로만 인식하고 역사·문화적인 중요성에 대해서는 인식을 잘 못하는 경우가 많지만, 이렇게 굉장히 오랜 시간의 변화와 흔적들이 층층이 쌓여 있는 곳이 명동인 것이다.

남대문로 주변에도 근대기의 모습이 많이 남아 있다. 겉으로 보기에는 계속 변하고 있는 것처럼 보이지만, 국가에서 관리를 하든 민간 상업 자본이 관리를 하든, 큰 도로 이면에는 근대기의 건축물들이 많이 남아 있어, 골목의 모습은 크게 변하지 않은 것 같다.

시기별로 어떤 사건이나 외부적 요인들에 의해 조금씩 다르기는 하지만, 언제부턴가 중국이나 일본, 동남아시아, 유럽계 관광객이 명동을 차지하면서 점점 한국말을 듣기 힘든 지역이 되고 있다. 그러나 이 명동 지역 안에는 다양한 시기의 건축물, 도시 조직, 상업 활동, 종교의 공간이 혼재되어 있고, 저마다 각각의 목적과 용도를 유지하면서 기능적인 역할을 하고 있기 때문에 명동의 가치는 앞으로도 유지될 것으로 보인다.

을지로부터 남대문로를 끼고 있으면서 백화점, 지하보도, 편리한 대중교통도 갖추고 있어 명동은 누구나 찾기 쉬운 지역이며 여전히 계속 변화하고 있다. 그리고 한때 '명함 한 장 크기의 땅값이 1억 이상이다'라는 뉴스가 나올 정도로 대한민국 상업의 최고 중심지로서 역할을 해온 것도 사실이다. 이제는 땅의 역사나 흔적을 가지고 우리의 정체성을 찾기 위한 노력들이 이어지고 있다는 것을 생각해봐야 한다. 과거의 모습은 물론이요 우리와 가까운 시기의 모습들도 우리가 기억하고 남겨야 될 유산이며, 그것이 현재의 땅 위에 다시 자리매김해야 미래의 모습도 계획할 수 있다는 점을 명심해야 한다.

정비 중인 명동성당 주변의 모습

낙산 서울 성곽

서울 한양도성은 역사적 측면에서 서울이라는 도시가 언제 어떻게 형성이 되었는지 보여주는 물리적 자원이다. 도성의 동쪽으로는 낙산, 북쪽과 서쪽에 북악산과 인왕산, 남쪽으로는 남산을 둘러 성곽이 연결되는데, 낙산에서 보는 도시경관이 가장 좋다.

북악산과 인왕산 지역의 경우 조선 시대부터 세도가와 지식인들이 살아온 지역이고, 경복궁과 함께 경무대가 있던 자리에는 광복 이후 국가 통치 권력의 중심인 청와대가 자리 잡고 있어서 주변에 높은 건물들이 많이 들어서지 않아 좋은 경관을 가지고 있으며 동시에 그 주변 북촌과 서촌에는 아직도 많은 사람이 거주하는 좋은 거주 지역이다.

낙산은 성 밖과 성안, 성곽과 인접한 거리에 따라 다양한 도시의 모습을 보인다. 낙산 정상에서 먼 북쪽을 보면 명륜동과 성북동이 보이고, 북동쪽을 보면 성곽 밖의 동소문동 낮은 산 위에 이 시대의 산물인 아파트 단지가 벽처럼 둘러쳐진 모습을 볼 수 있다. 낙산 성곽에서 다시 동쪽을 내려다보면 삼선동과 창신동, 숭인동이 위치하고, 남쪽으로 동대문까지 내려가는 성곽 양옆으로 저층 주거지역이 빼곡하게 자리하고 있다. 그리고 서쪽 아래를 바라보면 유동 인구가 많고 번화한 거리인 대학로가 있고, 대학로와 성곽 사이 낙산의 경사지에는 이화동이 있다. 북쪽 성북동 방향으로 성곽을 따라 내려가다 보면 혜화문에 도달하기 전 성곽 안쪽으로 가톨릭대학교의 신학대학이 들어서 있고, 성곽 바깥쪽에는 장수마을과 삼선동 주거지역이 있다.

이 성곽 하나를 사이에 두고 굉장히 다양한 도시의 모습이 낙산에서 정점을 이룬다. 이 지역에는 대규모로 언덕에 지어진 공동주택인 영단주택의 흔적이 남아있고, 낙산공원이 조성되면서 사라지긴 했지만 사람들의 기억 속에 남아있는 낙산아파트가 낙산 정상부에 지어졌다가 철거되기도 하였다. 낙산냉면이라는 식당이 성곽 바깥에 경사지를 형성하는 곳에 허름하게 남아있었지만 공원 조성을 명분으로 이제는 낙산에서는 사라졌다. 영화 건축학개론에서 남녀 주인공이 버스 종점에 내려 걸어가던 동네 역시 낙산 정상 쪽 동네다.

성곽 아래 남아있는 공동주택

낙산 정상에서는 동서남북 어느 방향으로도 다 내려다볼 수 있고 서울의 중심가 종로 일대가 훤히 내려다보이기 때문에, 이 도시가 어떻게 변화하고 있는지 모습을 살펴보기 가장 좋은 곳이다. 장수마을이나 369마을처럼 주민 커뮤니티가 형성된 곳은 거주해 왔던 주민들이 동네를 잘 가꾸자는 분위기가 형성되어 있는 반면, 이화동 같은 경우 개발이 쉽지 않고 조그만 전시, 공방, 판매시설과 함께 벽화마을로 알려지면서 외부 방문객의 볼거리는 늘었으나 실제로 살고 있는 주민들 커뮤니티 간에는 갈등이 남아있는 동네다. 성곽이 유명해지고 마을이 같이 알려지면서, 상업 자본과 관광객이 들어와서 이 지역을 활성화한다는 분위기가 정점에 달한 곳이기도 하다. 많은 사람이 이화동을 찾는 이유는 '벽화와 예쁜 가게들이 있어서'라는 것이 대부분이다. 이제는 흔해진 그런 콘텐츠를 통해 사람들이 마을을 찾아오게 되는데, 이런 상황에서 마을 발전을 위한다는 방법이 관광이라는 측면으로만 너무 쏠리게 되면, 마을에서 살아가는 사람들의 생활 생태계가 관광 생태계와 충돌하게 된다. 그렇게 되면 결국 이 마을은 정주하는 마을로서 지속성을 갖기가 어렵게 될 것이고, 이런 문제는 이미 이화동뿐 아니라 종로 북촌, 서촌과 같은 동네에 모두 공통으로 나타나고 확인된 문제다. 관광객을 위한 개발도 좋지만 마을에 거주하는 주민들이 안정적으로 생활할 수 있는 여건도 갖출 수 있도록 정책적인 지원이 이루어져야 할 것이고, 마을 내부 구성원들이 외부 사람들의 유입과 관광 자원의 활용과 같은 현실적 문제들을 어디까지 수용할 수 있는지 폭넓게 논의를 하면서, 마을이 좀 더 잘 유지되어 갈 수 있도록 시급하게 대책을 마련해야 하는 시점에 와 있다.

(위) 낙산에서 내려다본 한낮의 도시 풍경
(아래) 낙산에서 내려다본 저녁 무렵의 도시 풍경

북촌

서울시 도보관광해설사의 이야기를 들어보면, 외국 관광객들이든 국내 관광객들이든 서울에서 가장 많이 찾는 곳이 궁이라고 한다. 경복궁, 창덕궁, 창경궁, 덕수궁, 경희궁, 종묘와 사직단을 사람들이 방문하고 있고, 이제는 한양도성도 문화유산 투어 방문 대상으로 우선순위에 오르고 있다.

조선 시대 궁궐의 핵심인 경복궁과 창덕궁 사이에 자리한 지역에 북촌이 위치하고 있다. 조선 시대에는 청계천 위쪽인 지금의 종로, 인사동, 낙원동, 경운동 등도 북촌의 영역이었다. 하지만 근대에서 현대로 시대가 변하면서 종로와 인사동 등 상업 중심지로 인식되는 영역들이 형성된 후, 현재 사람들이 얘기하는 북촌이라고 하면 율곡로, 즉 안국역 주변에서 그 위쪽을 지칭하는 것으로, 북촌한옥마을이라는 이름의 동네를 말한다. 서촌의 경우 북촌에 비해 중인계급들이 많이 살았는데, 겸재 정선, 시인 이상 등 서촌에 거주했거나 예술 작품을 남겼던 인물들의 이야기가 담긴 역사문화자원의 흔적들과 조선 시대부터의 골목들이 아직도 남아 있어서, 현대에 와서 서촌의 가치를 재조명하고 있다.

두 지역 모두 역사적인 토대 위에 옛 도시의 흔적과 변화의 모습을 가지고 있다. 이 지역들이 현재의 모습으로 변화하게 된 원인을 살펴보면, 근대 이후에 큰 필지의 집들이 작은 필지들로 분할이 되면서 도시형 한옥들이 대량으로 지어졌다는 점을 꼽을 수 있다. 조선왕조의 계급 시대가 무너지고 근대 사회로 넘어오면서, 도시로 모여드는 많은 사람들의 주거 문제가 대두되었다. 많은 주택을 대량으로 보급해야 했기 때문에 지금의 도시형 한옥들이 지어

북촌 한옥 군락

지게 된 것인데, 이런 과정에서 땅의 흔적이 한 번 바뀌게 된 것이다. 양반들이 살았던 큰 집의 터들에는, 1930년대와 1940년대를 거치면서 수많은 대량 보급형 한옥이 지어지게 된다. 이렇게 지어진 100년이 안 된 한옥의 군락을 지금 북촌과 서촌에 가면 볼 수 있는 것이다.

궁의 역사와 땅의 역사는 조선 시대 한양과 현대 서울의 역사를 도시 공간의 차원으로 연결 지을 수 있지만, 개별 집들이 군락을 이루고 있는 모습들은 불과 100년 안에 형성된 모습이다. 일제강점기를 거치며 도시 확장과 시설의 건립 등으로 근대 이전의 도시공간과 조직이 많이 훼손되었는데, 근래에 들어서는 다시 예전의 모습과 가깝게 회복하려는 모습을 보이고 있다. 이런 과정의 기초가 되는 것이 바로 역사적 고증과 현대적 복원 논의이다. 그 과정에서 이 지역의 역사적인 정체성을 과거와 현재에서 어떻게 찾아내고 만들어가야 할 것이냐에 대한 고민들이 깊어지게 된다.

이와 동시에 외부에서 오는 관광객들과 지역에 거주하는 주민들 간에 갈등이 지속되고 있어, 오버투어리즘(Over tourism)의 문제로까지 확산되었다. 외부에 있는 도시연구자들은 이곳이 주거 마을로서의 정체성을 가져야 한다고 주장을 하지만, 결국 이 문제의 해결을 위한 정책과 주민 모두가 공감할 수 있는 대책은 맞아 떨어지지 않는다. 그러다 보니 지역 내에 거주하는 사람들은 북촌에 적용되고 있는 도시 관리 계획이 단순히 규제만 하고 있으니 규제를 없애야 한다고 주장하거나, 공공기관에 의해서 관광객들이 이용할 수 있는 시설들을 마련하는 것에 반발하는 등 다양한 의견들을 보인다. 이러한 상황들에 비추어 보면, 역사문화관광을 통해 지역을 알리고 외부 방문객을 유입시키기 전에 먼저 이 지역에

북촌 풍경

서 오랫동안 살아왔던 사람들 혹은 이제부터 들어가서 살려는 사람들이 좀 더 다양한 대화를 통해서 이 지역의 미래를 어떻게 봐야 하는가, 주거 마을로서 무엇이 더 알맞은가 논의할 필요가 있다. 이러한 논의가 지속되고 또 이것이 정책으로 연결이 되어야 한다.

현재 주거가 밀집되어 있는 곳곳에 용도 제한을 풀고 게스트하우스를 허가해달라는 등의 요구가 있지만 게스트하우스를 허가하느냐 마느냐 하는 문제에 집중할 것이 아니라, 좀 더 지역에 맞는 정책이 필요한 것이다. 예를 들면 이 지역에 남아있는 학교에 계속 학생들을 유치할 수 있는, 그런 주거 마을로 유지되려면 어떠한 대책이 필요한가 하는 논의가 선행되어야 한다. 주거 마을로서의 정체성을 찾기 위해서는, 한옥과 한옥을 포함한 면 단위 도시관리 계획을 담당하는 부서나 관광홍보 담당 부서만이 아니라 시나 구의 최고 책임자들이 이곳을 주거 마을로서 유지할 수 있기 위한 우선순위가 무엇인지 어떤 주거 마을로 만들 것인지 대해서 선언을 할 필요가 있다. 주거 마을로서의 정체성이 깨지면 이 지역은 그저 흔한 관광지인 남산골 한옥마을, 민속촌, 인사동 상업 지역하고 달라질 게 없다. 다양한 지역의 다양한 정체성을 서울시 전체에 유지하기 위해서는 지역과 동네마다 주민들 스스로 자랑스러워 할 수 있는 정체성을 발굴하고 유지하여야 하며, 그 지역만이 가지고 있는 색깔이 다양하게 도시 전체에 퍼져 있을 때 결국은 도시의 역사문화자원과 사람이 공존할 수 있는 구조를 가지게 될 것이다.

북촌에서 내려다본 삼청동길

용산의 다양성과 현재

　용산은 위로는 서울역까지, 아래로는 한강에까지 이르는 지역으로, 조선 시대의 한양도성 남쪽과 한강에 인접하고 있으며 대도시 서울에서 변화와 개발로 주목받고 있는 곳이다. 동쪽 편으로는 이태원, 해방촌, 경리단길, 북쪽으로는 서울역과 도시 재생 지역, 서쪽으로는 효창과 청파로, 남쪽으로는 용산역세권과 이촌 등 그야말로 도시에서 일어날 수 있는 모든 변화의 단면을 관찰할 수 있다.

　용산의 한강대로와 경부선 철도의 서쪽 편 하늘에는 타워크레인을 어렵지 않게 볼 수 있다. 그곳에 들어서는 고층 건물은 땅 위에 낮게 붙어있던 저층 주거지역이 사라진 것에 대한 대가로 얻어진 결과물이다. 용산지역 어디에서든 수많은 부동산 중개업소와 개발을 자극하는 문구를 쉽게 살펴볼 수 있는데, 이런 개발 열풍 속에서도 후암동에는 아직도 저층 주거지역의 건물들이 많이 남아 있다. 이곳은 작은 개별 가옥들이 각각의 필지들로 유지하여 왔으며, 중간중간 큰 규모의 건축물들은 이 필지들을 합쳐 커다란 면적을 만들고 나서 올라간 건축물들이다. 저층 주거지역은 작은 개별 필지로 나뉘어 있다 보니, 개발하기가 쉽지 않은 여건을 가지고 있기도 하다. 효창동과 청파동에도 일본식 주택들, 과거 일본인들이 사용하던 주택들이 계속 남아 여전히 주거 용도로 사용되고 있는데, 노후화가 진행되면서 그때그때 덧붙이고 수리한 흔적들이 보여서 겉으로는 일본식 주택인지 가늠하기가 어려운 집들도 많지만, 실제로 내부를 보거나 후면 또는 옆면을 자세히 보면 일본식 주택의 원형을 확인할 수 있다.

다양한 모습을 가진 용산 일대

효창공원역 주변에도 일본식 2층 상가 건물들이 형태를 온전히 가지고 남아있는 곳들이 있고, 폐선로가 된 경의선 철로 근처 용문시장 주변과 용산전자상가 북쪽 지역에도 아직 일본식 주택들과 오래전부터 사용되어 온 공장이 남아있는 등, 이곳은 주거의 흔적들이 넓은 지역에 걸쳐 남아있는 지역이다. 일제강점기 효창동에 들어선 철도 관사들은 거의 다 사라지고 여느 주거지역에서 보이는 5층 주택으로 많이 바뀌었다. 그 와중에도 철도 관사의 온전한 형태로 남아있는 집이 하나 있었으나, 이 건물도 사용을 안 하고 방치된 지 몇 년이 지나 사라지게 되었다. 그러나 철도 관사 단지가 남겨놓은 땅의 모양은 어느 정도 유지하고 있어, 도시가 변화해 온 흔적이 모두 다 지워진 것은 아니다.

또한, 용산에는 천주교와 관련된 신학교, 순교 성지들이 아직도 남아있는데, 그 주변은 다시 아파트로 둘러싸여 있다. 용산 신학교와 용산성당이 있고, 그 뒤편으로는 성직자 묘역이, 그리고 새남터 기념성당이 자리하고 있다. 당고개 순교 성지의 경우에는 경의선 주변으로 한 면을 크게 정비하면서 언덕 하부에 성당을 새로 짓게 되었다.

용산역과 주변 공사장 펜스에는 '미래도시 용산'이라는 커다란 글씨가 눈에 들어오고, 계속해서 올라가고 있는 고층 건물들과 높은 크레인들의 모습을 보면, 우리가 이제는 용산을 어떤 시선으로 보아야 할 것인가 심각하게 고민을 하게 된다. 용산에 수많은 거대한 건물들이 세워졌을 때, 과연 용산은 어떤 의미로 바라봐야 할 것인지 의문이다. 과거 수백 년, 근대 백 년의 시간이 가까운 수십 년 동안 너무 빨리 우리의 도시환경을 바꾸고 있는 것을 우리는 어떻게 받아들일 수 있을까 천천히 생각해봐야 한다.

(위) 마지막까지 남아 있던 철도 관사. 현재는 철거되어 없어졌다.
(아래) 재개발이 진행되던 시기의 용산역 부근.

서울역 일대

서울역 주변을 살펴보자. 서울역에는 고속철도가 도입되면서 새 역사(驛舍)가 생겼고, 모든 승객은 서울역 광장을 거쳐 이 새 역사로 진입하게 되어있다. 그리고 비잔틴식 돔을 가진 옛 서울역사는 현재 전시관으로 사용되고 있다. 옛 역사를 보존하면서 새 역사의 플랫폼과 연결하였으면 더욱 활용도가 높았겠지만, 전시관 용도로 쓰는 옛 역사는 실제 교통 기능을 하는 새 역사와 분리되어 있어 사실 더 쇠락하고 낙후된 느낌을 준다.

우리나라 철도역은 대부분이 통과역으로, 일직선으로 철로가 놓여있고 정차 지점에 플랫폼이 설치되어 있어 승객들은 철로 위 혹은 아래에서 각각의 해당 플랫폼으로 진입한다. 도시에 철도를 놓으면 철로가 한쪽 편과 그 반대편으로 도시를 가르게 된다. 그러다 보니 다른 기차역들과 마찬가지로 서울역의 동쪽과 서쪽이 서로 다른 지역으로 변화했다. 서울역의 동쪽은 역에서 나오는 순간 딱 마주하는 서울의 첫 인상으로서, 한강 남쪽에서 광화문 앞까지 연결되는 큰길에 고층 건물들이 즐비하게 들어서 있다. 서울역 서부 지역에는 숙명여대 방향 청파로 쪽으로 만초천이 흐르던 구역이 복개되었고, 과거 굉장히 많은 일꾼들이 짐을 실어 나르고 생활했던 지역이었으며, 여러 크고 작은 공장들도 들어섰던 활발한 지역이었다.

경의선은 출발점인 서부역을 떠나 신촌기차역을 지나 의주로 가는 철로였고, 지금은 중앙선과 전철로 연결되어 강변의 북쪽을 따라 일산을 지나가는 긴 노선이 되었다. 서부역은 현 서울역 고가 아래쪽에 별도로 있었는데, 서울역 본선하고 합류가 되면서

서울역 풍경

없어지고, 지금은 열차가 자주 있지는 않지만 서울역에서 출발하는 경의선 열차를 새 역사 뒤쪽에서 탑승하게 되면서, 이용자들의 동선이 긴 통합역사가 되었다. 서부역은 사람들의 기억 속에 그 이름만 남아 젊은 세대들은 모르는 역이 되어버렸다.

서부역 방면 중림동에는 우리나라에서 최초로 지어진 벽돌 성당인 약현성당이 있다. 1998년 화재로 인해 100년 역사의 성당 건축물이 불타고 다시 짓는 과정을 겪었지만 여전히 고풍스러운 서양식 건축물이다. 약현(藥峴)의 현(峴)은 고개를 뜻한다. 지금처럼 서울이 고밀도 도시가 되기 전에는 약현이라는 언덕(고개)에서 명동성당이 보였다고 한다. 두 성당 모두 고개 위에 있었고, 두 성당을 연결하는 시야에 높은 건물이 없었기 때문이다. 그래서 중림동에서 명동까지 훤히 보이는 도시 경관을 가지고 있었다.

약현성당이 있는 중림동에는 예전부터 남대문에서 가까운 칠패시장이 있어서 상권이 형성되어 있었고, 약현성당 바로 아래에는 아직도 새벽시장이 잠깐 열리기도 한다. 중림동에서 조금 남쪽으로 내려오면 만리동을 거쳐 마포로 넘어가는 길이 있다. 과거에 물류 유통의 주요 경로였던 지역이다. 전국 각지에서 배를 타고 올라온 해산물, 소금 등 여러 식재료들이 마포나루에서 시내 중심으로 이동할 때 주요했던 경로가 만리재 고개다. 현재 만리동길의 바로 서쪽 편으로 만리재 옛길의 흔적이 아직 남아있고, 그 길을 통해서 물건들이 서울역 서부 지역으로 몰려들었다.

서울역 서부, 지금의 서계동 지역은 청량리역 주변과 비슷한 풍경이었던 것으로 여겨진다. 물건을 사고 파는 외부 사람들이 드나들고 그 사이에서 돈이 오가면서, 사창가도 생기게 되고, 역 주변에 숙박시설도 많이 자리하게 된다. 그리고 짐을 나르는 사람들이

약현성당에서 바라본 남대문

오가는 곳이었기 때문에 이 지역에는 떡집들이 많았다고 한다. 일꾼들이 편하게 앉아서 밥을 먹던 시절이 아니었기 때문에 간단하게 먹을 수 있는 떡을 만들고 팔던 곳이 많았다고 전해지는데, 지금은 몇몇 건물들에서 그런 흔적만 조금 찾아볼 수 있다.

　서울역 서쪽으로 나오면 한눈에 들어오는 붉은 색 창고들이 있다. 국립극단이 극장으로 사용하고 있는 창고들로, 원래 이 자리는 군부대가 있던 곳이어서, 수송부대가 썼던 창고들이다. 그 주변으로 철도원 기숙사와 철도 관련 공공시설들이 굉장히 많이 있고 그 영역도 넓었지만, 지금은 기숙사를 이용하기보다는 자택에서 출퇴근하는 사람들이 많아지다 보니 조금씩 용도와 기능이 축소되면서 영역도 많이 줄어들고 있는 상황이다. 그럼에도 철로 주변으로는 철도 관련 시설이 여전히 큰 면적을 차지하고 있다.

　또한 서계동의 특이할 만한 점이라면, 창신·숭인 지역이 동대문 봉제 산업의 메카였다면 서계동 지역은 남대문 봉제 산업의 메카였다는 점이다. 그래서 아직도 많은 봉제 공장들이 지하부터 지상까지 들어서 있고 쉴 새 없이 돌리는 산업용 재봉틀 기계 소리가 들린다. 이곳에는 새벽이 넘어도 샘플을 납품해야 하니 퀵서비스와 같은 배달과 운송의 생태계도 형성되어 있고, 공장이 있으니 공장 인력의 식사를 제공하기 위해 배달하는 밥집도 곳곳에 들어서 있다. 산업 생태계가 존재하고 있는 것이다.

　하지만 만리동 고개를 넘는 만리재길의 서쪽 편 만리동하고 동쪽 편 서계동은 자치구가 다르다. 서계동은 용산구이고 만리동은 중구에 속한다. 행정구역이 달라 재개발, 건축에 대한 허가권도 다르다. 만리동 고개는 전면 철거라는 재개발 방식이 추진되면서 초고층 아파트와 오피스텔들이 고개 한쪽 편으로 쭉 들어서게 되었다. 지금껏 상대적으로 개발이 안된다고, 소외됐다고 생각했던 서계동 지역의 산업과 주거 생태계가 결국 위협을 받게 된 것이다. 이렇게 도시의 그림이 변하면서, 서울역 일대에는 도시재생사업을 통해 지역을 활성화하겠다며 봉제 관련 공공시설들이 들어서게 되었음에도, 이 지역에 토지나 건물을 갖고 있는 소유권자들은 이익을 내기 위해 산업 생태계를 일구려는 노력보다는 토지의 거래를 통해서 이익을 취하려는 태도를 보인다. 서울시가 고가도로를 보행로로 바꾸면서 여러 가지 주변 산업 생태계까지 연결시키려고 노력했으나 지금은 고가 하나만 부각될 수밖에 없는 상황으로 전개되어버린 것이다. 개발을 원하는 주민도 있고 계속 이 지역에 남길 원하는 주민도 있어서 의견이 분분한 상황이다. 결국 전면 철거를 중심으로 한 재개발이 되기 어려운 상황임에도, 여전히 재산권을 가지고 있는 이 지역 주민과 외부의 토지 소유주들은 계속 개발을 요구하고 있다. 결국 정책이 이 요구를 어떻게 포섭하고 받아들일지 지켜봐야 하는 상황이다.

철로로 단절된 동서를 연결하는 주요 교통로로 쓰이던 서울역 고가가 보행자 전용로가 되면서 시민들의 주목을 받게 되었고 이 현상이 주변 상권에 미치는 영향을 무시할 수 없다. 과연 남대문시장과 서계동 간 봉제 산업의 유통 흐름을 다시 회복할 수 있을 것인가에 대한 대안이 나오지 않으면 이 지역도 봉제 산업의 흔적만 남고 실제 산업 생태계는 쇠퇴할 것이 분명하다. 그러면 봉제공간으로 쓰던 곳들은 모두 소비 형태의 임대공간으로 전환될 것이고, 자연스럽게 임대료는 상승하게 될 것이다. 소위 말하는 젠트리피케이션 현상이 나타날 수밖에 없다.

재생 지역에서 개발이 이루어질 때, 철거 중심의 재개발 방식만이 해답이 아니라, 집을 고쳐 쓰면서 주거에 대한 개념을 변화시키는 것도 대안이다. 오랫동안 이 지역에 정주하면서 지역의 역사, 생태계를 이끌어 갈 수 있는 그런 분들이 지역에서 목소리를 높이기를 기대한다.

2016년경 개발사업이 진행중인 만리재길 주변 풍경

3

도시 변화와 한옥 군락

정릉

강북에서도 사람들이 많이 사는 주거지역 중 한 곳이 정릉 지역이다. 이 지역은 강북권에서 사람들이 살고 싶은 곳으로 꼽는 다기보다 현실적인 경제 수준과 도심과의 접근성 등에 맞추어 선택하게 되는 주거지역이기도 하다. 시내 중심과 가까운 곳에서 조금씩 멀리 나가면 강북구, 도봉구 같은 지역이다. 그래서 정릉은 지하철 4호선 권역인 중심 지역과 북한산 남동 자락의 버스 종점까지 가야 하는 주변 지역이 서로 다른 생태계를 보인다. 실제 경사지 저층 주거지역은 조선 왕조의 능인 정릉과는 내부순환로가 지나가는 정릉로를 경계로 거리의 차이가 있지만, 포괄적으로 정릉이라고 불리고 있다.

이 지역에 주거지가 형성된 역사를 보면 대부분 6·25전쟁 이후라고 볼 수 있다. 일제강점기 이후 도심이 서울 한양도성 밖으로 확장이 되어 가면서, 저소득층이 살 수밖에 없었던 경사지나 산 밑에 주거지역이 형성되었다. 또한 이 지역에도 부흥주택이 지어졌고, 작게 나뉜 필지에 도시형 한옥들이 대거 지어졌다. 아직도 많은 수의 도시형 한옥들이 정릉에 분포하고 있는데, 정릉에 군락을 이루고 있는 도시형 한옥이나 부흥주택들은 아직도 잘 사용이 되고 있다. 소매점이나 미용실 같은 소규모 생활 편의 시설들이 동네의 분위기를 보여주면서 생태계를 유지하고 있는 곳이며, 여전히 주거지역에 필요한 기능들이 잘 유지가 되는 지역이다.

서울시에서 한옥을 보존하려는 움직임에 의해 정릉 일부의 개별 주택이나 한옥이 지원을 받을 수 있게 되었지만, 유지 보수에는 여전히 어려움이 있다. 한옥이라는 집이 과거 대량으로 보급될

정릉 한옥 군락

때에는 대량으로 짓는 만큼 건축 비용이 낮았지만, 유지 보수를 위해 개별로 수리를 하게 되면 단위면적당 건축 비용이 한옥의 경우 상당히 높다. 그러니 재정적인 여유가 있는 거주자가 아니면 한옥을 쉽게 고쳐 쓰기가 어렵다. 이런 상황이다 보니, 이 지역의 많은 한옥이 임시로 보수를 하면서 유지해 왔기에 전통적인 구축 방식을 가진 한옥의 모습과는 다소 차이가 있다. 면적을 더 쓸 수 있도록 마당 위를 막거나, 기와지붕의 누수를 보수하지 못하고 비닐 천막으로 덮어 놓고 사용하거나 또는 한식 기와가 아닌 시멘트 기와나 철제 강판으로 지붕을 덮은 한옥을 많이 볼 수 있다.

정릉시장 서쪽 정든마을이라 불리는 곳이 부흥주택과 한옥이 동시에 공존하고 있는 지역인데, 여기에 물리적 여건을 개선하는 면(面) 단위 관리 사업이 들어오게 되면서[1], 행정기관의 지원 사업이 들어오고 계획이 추진된다는 소문에 정확한 사업 내용과 관계없이 개발과 소유권 행사에 제약이 가해질지도 모른다는 위기감이 주변의 부동산이나 개발업자들을 통해 형성되었고, 결국 2층 이내의 부흥주택과 한옥을 없애버리고 5층 이상의 다세대 원룸 건물을 짓는 현상이 나타나게 되었다. 불과 몇 년 사이에 한옥과 부흥주택의 절반 가까이 사라졌다. 그 결과 이 지역이 가지고 있던 고유한 경관인 한옥과 부흥주택 군락을 지역의 역사문화자원으로 가치 있게 활용할 수 있었음에도 불구하고, 개발, 정비, 보존이라는 키워드가 오히려 면 단위의 계획의 한계를 명백하게 드러나게 했다. 이런 계획들이 왜 신중하게 진행이 되어야 하는지는 이 정든마

---

1 서울시가 2013년 11월 13일 제18차 도시·건축공동위원회를 개최하여 성북구 정릉3동 '정든마을' 주거환경관리사업(안)에 대하여 수정 가결하였다. 주거환경관리사업은 노후 건물을 전면 철거하는 개발방식 대신 마을의 역사성과 환경성을 보전하면서 공공기관에서 기반시설을 정비하거나 설치하고, 개인이 기존 주택을 개보수하여 주거환경을 보전·정비·개량하는 방식으로 진행되었다.

을의 사례를 보면 한 번에 파악할 수 있다. 면 단위 계획으로 접근할 때는 어떤 지역의 상업, 생태계, 사람들이 거주할 수 있는 환경 등을 종합적으로 고려하여 충분한 시간을 두고 논의되어야 한다. 사라져 가고 있는 도시경관과 역사·문화 자원을 조사하여 기록하는 이유가 이를 잘 남겨 활용하는 데에만 있는 것이 아니라면, 도시와 마을의 개선에 관한 근본적인 정책과 계획을 처음부터 다시 고민해야 할 것이다.

정든마을의 2016년 모습. 한옥 군락이 일부만 남은채 주변에 새롭게 들어선 5층 건물들 사이로 둘러싸여 있다.

권농동 한옥

　북촌에 관심이 집중되면서, 인사동, 낙원동, 익선동, 운현궁 주변과 종묘의 옆 동네인 권농동까지도 주목 받는 동네가 되었다. 그러면서 지역 재생을 목표로 활성화 사업들이 진행되고 있다. 돈화문로 국악거리, 서순라길 등 길과 면 단위의 도시 관리 계획이 수립되고 시행되고 있는데, 종묘 부근 지역의 경우 보석 관련 산업 생태계가 형성되어 있고, 익선동의 경우 도시형 한옥들이 핵심 구역에 대거 밀집되어 있는 상황에서, 이런 활성화 사업이 진행됨과 동시에 한옥들이 하나 둘 개보수가 되고 있다.

　북촌이나 서촌의 주거형 한옥을 고치는 것과 달리, 용도가 바뀌어 상업용으로 사용되는 한옥들은 조금 더 개방적인 형태로 개보수 되고 있다. 그러면서 도시형 한옥에서도 이어져 온 전통적인 한식 목구조과 공간 구축 방식들이 무너지고, 상업 행위에 적합한 형태로 변하고 있는 것이다. 운현궁 주변에는 아직도 교육시설들이 남아 있고, 또 인사동과 가깝기 때문에 곳곳에 관광과 연계된 편의 시설이 많이 들어서 있는데, 큰 규모의 건물들 사이사이에 끼어 있는 조그만 한옥들이 계속 변형과 유지를 반복하면서 삶을 위한 형태로 바뀌고 있는 현장을 확인할 수 있다.

　권농동 같은 경우 특이하게도 소규모 공장 용도의 시설들이 지금도 남아있다. 보석을 가공하거나, 포장재를 만들거나 하는 등의 소규모 제조 공장들이다. 종묘 담장과 붙어 있는 순라길 주변에는 먹거리를 제공하는 상업 시설들이 많이 남아있고 지역 상권에 특화된 콘텐츠를 활용한 2층의 한옥도 신축되고 있다. 이러한 생태계가 종묘 서쪽 순라길에서 인사동쪽으로 가면서 상당히 다양화 된 모습들을 보여주고 있는데, 이런 모습들이 결국 이 지역의 특성이 됨으로써 사람들을 끌어들이는 요소로 작용을 하고 있는 것이다.

이 안에서 단층 건물인 한옥들이 어떻게 살아남아야 할 것인지는 이 지역의 과제로 남아 있다. 단순히 어떤 기능으로 이용할 수 있는 대상이 되어야 하는 것인지 아니면 역사문화자원으로서 온전한 형태를 유지하고 전체적인 군락이 가지는 경관을 보존해야 하는 것인지, 이런 점들을 사용자와 관리자 뿐 아니라 이곳을 찾는 사람들이 모두 함께 지혜를 모아야 할 것이다.

권농동 한옥 군락

주거지 한옥 군락

　　1920년 이후 서울에 인구가 급격하게 증가하면서 주거의 공급이 시급하게 되었다. 도성 안으로는 북촌, 서촌, 익선동, 권농동에 도시형 한옥이 생겨났고, 이후 도시가 확장되며 도성 밖 서쪽으로는 아현동, 대현동, 그리고 동쪽으로는 성북동부터 동소문동, 돈암동, 보문동, 안암동에까지 도시형 한옥이 엄청난 규모로 들어서게 되었다.

　　청계천으로 흘러 들어가는 성북천과 정릉천 주변으로는 큰 길이 생겼다. 그를 따라 보문동, 동선동 쪽에 굉장히 넓은 블록의 한옥 군락이 생겨났다. 1960년대와 1970년대 재건과 개발의 시기에 성북천 상류 삼선교 부근 하천을 복개한 자리에는 일시적으로 몇십 년 동안 쓸 수 있도록 허가해 준 아파트가 있었고, 삼선교 아래쪽으로 생긴 상가와 아파트 건물은 조그마한 삼선시장과 함께 유지되어 왔다. 서울시에서 물길을 다시 되살리자는 정책이 시행되면서 청계천도 복개한 것을 걷어내고 성북천도 복개한 것을 걷어내게 되면서, 삼선교에서 성북동 윗 구간으로는 아직 걷어내지 못했지만 그 아랫 구간은 사람들이 하천 변을 따라 청계천까지 갈 수 있게 되었고 수변 공간과 녹지 축이 연결되었다. 그러면서 가장 눈에 들어오게 되는 것이 성북구청과 경찰서가 크게 들어선 자리로부터 성북천을 따라 쭉 연결되어 형성된 한옥 군락들이다. 보문 지역은 도시 계획이 적용된 블록 단위 주거 군락이 아직도 남아있는 상황이고, 가로변의 경우 지금은 많은 상업 시설이 들어서 있으나 여전히 그 이면으로는 주거 용도의 건축물이 대부분을 차지하고 있다.

한옥과 저층 주택이 모여 있는 동네를 가보면 오후에는 아이들이 나와서 골목에서 노는 풍경을 볼 수 있다. 결국 주거의 풍경에서, 변화의 속도가 더딘 곳에서, 사람이 살고 있는 집과 집이 모인 동네가 어떠해야 하는지 우리가 나아가야 할 방향을 보게 된다. 지금은 사람들이 '마을공동체를 다시 회복해야 한다'고 하면서 아파트 단지 내 커뮤니티 활동을 인위적으로 지원하는 상황이다. 그러나 사실 중요한 것은 기존의 동네가 유지되어 온 요소들을 다시 짚어보는 일이다. 살고 있는 사람들 안에서 자연스럽게 일어나는 활동들이 외부의 물리적 환경 변화로 인해 사라지거나 깨지지 않도록 정책적으로 그 지역을 보호해주는 것이 가장 중요하다.

과거에는 물이 있는 곳에 사람들이 정착하여 살았다. 하천 주변에 지금도 많이 남아있는 저층 주거지역이 '불량주거'로 여겨지기도 하는 반면 오히려 새로 지어지는 하천변의 아파트들은 '프리미엄' 대우를 받기도 한다. 그러나 주거 지역이란 하천, 대규모 주거지들, 그 사이 군데군데 있는 작은 시장들이 서로 연결되어 사람들이 살아갈 수 있는 생태계가 끊임없이 유지될 수 있어야 한다.

성북구에서는 성북동이 역사·문화의 측면에서 주목받고 있고, 정릉과 같은 동네 곳곳에서 이야기를 모으고 기록을 하고 있지만, 성북구가 앞으로 심혈을 기울여야 할 측면은 바로 성북구청 주변의 성북천과 보문동 한옥 군락들이 면 단위로 어떻게 살아남을 수 있을지에 대한 것이라고 본다. 이미 철거가 시작된 곳들도 있는 상황이다. 시장이 줄어들고 새로 지어진 아파트 단지가 생기면서 하천을 경계로 영역을 새롭게 나누는 것이 아니라, 자연스럽게 하천과 길, 시장 등을 통해서 사람들이 교류할 수 있는 방법, 그런 사람 친화적인 도시가 될 수 있는 방법들을 꾸준히 찾아야 할 것이다.

보문동 한옥 주거지역

# 4

도시 개발의 이면

도시 개발의 이면

서대문

지하철 5호선 서대문역 주변은 조선 시대부터 활성화된 지역으로 경기도관찰사가 있던 관아인 경기감영(京畿監營)이 있었고 상업 생태계도 조성되어 있었다. 지금 농협이나 KT&G 같은 건축물들이 대규모 부지를 차지하고 있는 이유는 이러한 역사적 맥락에서 찾을 수 있다. 20세기 들어 철도의 종착지였던 서대문역 또한 지금의 서대문역 근처에 있었고, 그 주변으로는 학교가 세워졌으며 정동 권역도 아주 가까운 거리에 있었다.

서울에서 한반도의 북서 방향으로 나갈 수 있는 의주로[1]를 따라가면 독립문과 서대문형무소 역사문화공원이 있고, 더 나아가 홍제동과 은평을 지나면 북쪽으로 향할 수 있다. 이 의주로는 예전부터 중국과 왕래하는 길이었다. 지금도 독립문 앞에는 영은문(迎恩門)이라고 하여 중국 사신들을 맞이했던 문의 주춧돌 두 개가 독립문과 별도로 남아 있다. 의주는 남한인 대한민국의 지명이 아니라 북한의 지명이고, 대한민국에 북한 지명을 가진 도로 이름이 있다는 점은 신기하게 생각될 수 있지만 이렇게 역사적 맥락으로 파악하면 쉽게 이해할 수 있다.

그런데 이 의주로 주변으로 대규모 아파트 단지가 들어서고 있다는 것이 아쉽다. 과거 행정의 마지막 뉴타운 사업이라고 볼 수 있는데, 의주로와 서울 한양도성 사이 경사지에 자리했던 교남동 저층 주거지역이 사라지고 이제는 큰길에서 보면 아파트 숲이 마치 벽을 이루고 있다. 실제로 옛날에 물길이 있었고 그 물길 위에

---

[1] 의주로는 한때 서울역에서 임진각까지 구간별로 나누어 의주로, 통일로로 명명되었다가 현재는 의주로와 통일로를 통합하여 전체 구간을 통일로로 부른다.

다리가 있어서 다리의 남쪽, 다리의 북쪽에 따라서 교남동 교북동이라는 지명으로 불리던 곳인데, 아파트가 들어선 경계의 북쪽과 서울 성곽 사이에는 서울 기상관측소가 남아있다. 그 아래쪽 경사면으로 전부 아파트 단지가 되어버렸지만, 아직 서울 성곽 아래로 홍난파가 살았던 집이 남아 있고, 사직터널 위쪽에는 우리나라 3·1 독립운동을 해외에 전파했던 앨버트 테일러라는 인물이 살았던 집 딜쿠샤가 남아있다. 조선 시대의 도성과 근대의 물리적 흔적들이 아직 이 지역의 역사를 말해주고 있다.

  그곳으로부터 인왕산으로 연결이 되고, 또 북쪽으로 넘어가면 사직동에서 사직단, 그리고 서촌으로 연결되는 공간의 흐름을 볼 수 있다. 교남동 개발로 인해 성곽과 뉴타운으로 만들어진 고층 아파트 사이 공간들은 이제 고립된 형태가 되었다. 이런 대규모 개발 사업은 도심에서는 억제를 해야 한다. 이 지역에 살고 있었던 수많은 사람 중에 다시 이 아파트에 정착한 사람은 얼마나 될까. 도시 재개발로 인한 인구 재정착률은 굉장히 낮다. 이곳에서 밀려난 주민들은 더 외곽으로 밀려나게 된다. 독립문 네거리 부근에서도 옥바라지 골목이라 부르던 곳이 철거되어 주상복합 아파트가 들어섰고, 큰길 주변에는 여전히 고층 빌딩들이 계속 들어서고 있어서, 행촌과 교남 권역에 오랫동안 살아왔던 거주민들은 마을공동체 사업과 같은 활동을 통해 커뮤니티의 유지와 회복을 이루고자 노력하고 있다. 이제는 이런 대규모 도시 재개발 사업에만 치중할 것이 아니라, 지역의 역사성, 오랫동안 살아왔던 사람들의 삶과 공동체, 이런 것들을 회복하는 도시 정책들이 필요하고, 일각에서는 이미 진행 중에 있다. 하지만 이는 정책 사업만으로 이루어지는 것이 아니라 사람들의 마음을 움직이는 것이 우선이 되어야 할 것이다.

종로, 세운상가

조선 시대부터 서울에서 가장 중요하게 생각했던 길은 종로와 종각에서 남대문을 잇는 길이다. 조선 시대에는 광화문 앞 육조거리, 즉 세종로를 제외하고 광화문 네거리에서 남대문까지 이어지는 태평로는 큰길은 아니었으나, 일제강점기 도시를 정비하면서 길의 폭이 넓어지고 전차가 다니는 등의 변화가 생겼다.

일제강점기에 폭격에 대비하기 위해 건물을 짓지 않고 공터로 남겨두는 소개공지(疏開空地)라는 것이 곳곳에 조성되었다. 많은 건축물들이 목조 건물이었기 때문에 화재가 발생을 할 경우 주변으로 번지는 걸 막기가 쉽지 않았으므로, 화재가 다른 구역으로 넘어갈 수 없게끔 공지(空地)를 둔 것이 소개공지이다. 광복 이후 그 공지에 들어선 것이 지금의 세운상가다. 세운상가는 북쪽의 종묘부터부터 남쪽의 충무로, 퇴계로까지 쭉 연결이 되어 있는데, 처음 세운상가를 세우기 위한 계획에는 굉장히 이상적인 기능이 담겨있었다. 세운상가는 학교와 주거, 업무와 상업 시설을 모두 갖추고, 남북으로 들어선 건물들을 보행로로 연결할 수 있는, 작은 도시와 같은 개념으로 계획이 되었다.

그러나 도심 지역에 상업 생태계의 밀도가 높아지면서, 종로와 을지로 일대는 애초에 세운상가가 담고자 했던 여러 가지 기능들 중 상업 기능을 중심으로 시설들이 남게 되었고, 1970년대부터는 세운상가가 전자 산업의 메카로 떠오르면서 주목 받게 되었다. 그러나 이후 전자 산업이 용산 지역으로 이동하면서 이곳은 자연스레 쇠퇴하였고, 이제는 상가별로 각기 다른 특수한 기능이나 용도를 가진 다양한 산업 생태계로 변화하게 되었다.

현재 서울시에서는 세운상가를 다시 살리겠다고 하여 세운상가 건설 초기의 계획처럼 각 건물에 끊어져있던 보행 데크들을 연결시키는 작업이 진행되고 있고, 청년이나 상인 그룹들이 다시 지역 상가를 활성화하도록 하는 계획들도 진행되고 있다.

2000년 이후 세운상가의 존폐가 걸린 사건이 있었다. 당시 서울시는 뉴타운 계획과 함께 초고층 재개발 계획을 제안했다. 서울시장이든 정권이든 항상 도시를 이야기할 때 녹지축을 연결한다는 개념을 설파한다. 특히 이명박 전 서울시장은 2004년에 청계천 복원 사업을 진행하면서 세운상가 일대에 초고층 도심 재개발을 진행해서 높은 건물들을 짓고 녹지광장을 조성하려고 했고, 이어 오세훈 전 서울시장은 2006년에 세운상가를 전면 철거하고 그 빈 공간들을 전부 녹지로 채워 종묘와 남산의 녹지 축을 연결하겠다고 제안했다. 그러나 청계천변의 개발, 세계유산 종묘 주변의 관리 문제, 시민사회의 반대 등 다양한 요인들에 의해 철거 계획은 진행되지 못했다.

현재 박원순 서울시장이 진행하는 계획은 도시재생사업이라는 그림을 그려 상가 주변에 상인을 중심으로 한 생태계를 조성한다는 것으로, 세운상가를 유지한다는 기조를 가지고 있으나, 여전히 재개발이나 보상을 요구하는 사람들도 남아있는 상황이다. 현재의 재생사업으로는 이전의 초고층 재개발 계획보다 녹지가 더 많이 조성되는 것은 아니지만, 지역의 개발 방식이 사람들에게 어떻게 인식이 되느냐 하는 것은 여전히 문제로 남아있다. 어쨌건 지금의 세운상가는 손대지 않고 남겨두기로 했기 때문에, 그 주변의 생태계에 어떤 변화를 가져올 것인지가 굉장히 중요한 사항이 되었다.

강북의 충무로나 퇴계로, 을지로, 청계천, 종로에 걸친 세운상가 주변에는 근대 이후의 산업 생태계가 다시 살아날 수 있을 것인가를 두고 다양한 움직임이 일어나고 있다. 예전에는 농담처럼 '저 지역에서는 탱크도 만들 수 있고 우주선도 만들 수 있다'는 얘기도 있을 정도였는데, 생산부터 제작, 제품개발, 판매까지 모든 것들이 생산되고 유통되던 산업들이 지금은 주변의 개발로 인해 죽어가고 있는 상황이다. 종로4가 시계골목도 이제는 언제 없어질지 모르는 상황이 되었다. 그러나 전통적 핵심 상업 지역인 종로는 끊임없이 변화하고 있다. 종로4가에서 종로5가로 넘어오면 광장시장의 먹거리 문화 쪽이 또 다른 활력소가 되고 있기도 하다.

이제 도시는 물리적인 재생 차원을 넘어 복합적인 개발 상황에 놓여있다. 개발 사업은 민간에서 참여하는 경우가 많고 공공에서 제어하기 굉장히 어려운 상황이다. 따라서 현재 여러 가지 생태계들이 복합적으로 돌아가고 있는 이 세운상가 건물군과 주변 지역들에서 상업 활동과 생활을 영위하는 사람들이 어떻게 각 지역의 고유성을 잘 간직하면서 살아남을 수 있도록 할 것인지가 핵심 주제가 되었다.

세운상가에서 활동하는 어떤 그룹들이나, 정책을 내는 기관들은 이러한 모든 상황과 문제점들을 포괄하여 활동 계획을 세우고 시행한다고 하지만 단기간 내에 모든 것을 이루어내기는 쉽지 않다. 수십 년 동안 조금씩 변화와 진화를 거듭해 온 이 생태계들이 한꺼번에 다 똑같은 생활권역이나 산업권역에 묶이기 어렵고, 이 지역에서 터를 잡고 오랫동안 살아왔던 이들이 개발 계획으로 인해 이 지역을 떠나게 되었을 때 새로운 지역의 건물이나 바뀐 물리적 도시 환경에 다시 쉽게 적응할 수 있을 지에 대한 부분들도 우려되기도 한다.

수십 년 동안 살아남아 진화를 거듭해 온 상업 생태계와 자산으로서의 건축물들, 그리고 역사적인 맥락에서 본 건축물들의 입지와 용도 및 형태적 가치, 도시 조직에 대한 부분 등 이 모든 것을 어떻게 유지하고 살릴 것인지 하는 문제가 근본이 되어 정비 계획을 수립한다면 물리적으로는 '재생'이라는 이름에 걸맞은 결과가 나올 수 있을 것이다. 지금 이 생태계들과 도시의 물리적인 상황이 잘 맞아서 세운상가를 축으로 하는 도시 생태계가 지속적으로 잘 유지되어 많은 사람이 이곳을 드나들 수 있게 되고, 다시 종로 주변이 활기를 찾을 수 있도록 세운상가가 중요한 거점이 될 수 있기를 희망한다.

세운상가 내부

아현동

서울 마포구 아현동은 신촌으로 넘어가는 길과 마포로 넘어가는 길의 갈림길에서부터 시작되어 동네를 가로지르는 큰길의 양 옆으로 자리하고 있는 지역이다. 한 번 뉴타운 사업이 진행되면서 경사지의 많은 집들이 헐려 나갔고, 그 과정에서 과거 뉴타운 사업과 달리 일종의 새로운 시도가 있었다. 아현 뉴타운 사업 대상지의 일부 지역에 예전부터 남아있는 오래된 중요한 시설 혹은 건축물을 조사하고 전문가의 의견을 들어 최종적으로 이런 자원들을 뉴타운 대상 구역에서 제외시키는 작업을 진행했다. 현재 출판사가 남아있지는 않지만 '현암사'라는 유명한 출판사가 설립 당시 처음 자리 잡았던 곳이 마포구 아현동이고, 출판사 구 사옥은 리모델링을 해서 서울시 건축상을 받았는데, 이런 건축물이 보존 가치를 인정받아 뉴타운 구역에서 빠지면서 살아남게 되었다. 이 건축물 앞쪽으로는 신축 아파트 단지와 도로 사이에 행화탕, 오래된 아파트, 그리고 단독주택과 기품 있는 한옥 몇 채가 남아 있다. 이런 건물들이 고층 아파트와 대비가 되면서 과거와 현재가 공존하고 있는 모습을 눈으로 확인할 수 있다.

신촌 방향으로 난 큰길에 있는 아현역과 아현 뉴타운 사이에는 아현시장이 넓게 형성되어 있다. 아현시장은 그저 평범한 모습의 시장이지만 가까이 점포들을 들여다보면 나무 기둥이 있고 골목 안쪽으로 한옥의 대문들이 보인다. 이 시장을 위에서 내려다보면 한옥 지붕들이 쭉 연결된 모습을 볼 수 있다. 즉, 이 시장은 한옥 군락을 통해서 형성되었다는 것을 알 수 있는 모습이다. 일종의 현대화 작업의 일환으로 재래시장 활성화 계획을 세우고, 비를 피하기 위해 아케이드 지붕을 씌우는 등 여러 가지 사업들을 진행하였지만, 새로 지붕을 씌우거나 편의 시설들을 지으면서 오히려 이곳이 형성된 배경이나 물리적인 환경들에 대해서 쉽게 파악하기가 어려운 상황이 되었다. 하지만 위에서 내려다보면 지붕을 통해 아직 한옥의 명맥이 유지되고 있음을 파악할 수 있다. 사람의 눈높이에서는 잘 드러나지 않는 모습이다. 전통 한옥의 특성을 살려 전통시장이나 재래시장을 특화 할 수 있는 측면으로 연결시킴으로써 사람들이 재래시장과 전통 한옥의 매력을 동시에 즐길 수 있도록 하면 좋을 것이다.

　새로 아파트가 들어선 이 지역에도 경관을 두고 갈등을 겪을 우려가 있다. 오래된 경관들이 보기 싫다며 기존의 포장마차 시설들이 철거된 사례처럼, 재래시장과 오래된 상업 공간의 철거를 요구한다든지 하는 갈등이 생기기도 한다는 것이다. 재래시장의 전통과 역사와 같은 물리적, 무형적 요소를 살려 이 지역만이 갖고 있는 정체성으로서 이야기할 수 있어야 할 것이고, 사람들의 오랜 기억의 공간으로 거듭날 수 있도록 새로운 주민과 오랫동안 터를 잡고 살아온 주민이 서로 소통을 통해 동네를 만들어가야 한다.

뉴타운 사업으로 철거되기 전의 아현동 풍경

용산역과 용산기지 주변의 개발

용산의 한가운데에는 미군 기지가 가장 넓은 땅을 차지하고 있고, 미군 기지의 반환 소식 후 국가공원 조성 사업이 진행되고 있으며, 그와 더불어 대규모 주상 복합 단지로의 개발도 동시에 진행되고 있다. 아직도 서울에서 그나마 제일 큰 땅이 남아있다는 곳이 용산이다. 이렇게 큰 땅이 남아있었던 주요 원인으로는, 일제강점기 강제 수용을 통해 군사 주둔지로 설정된 영역이 6·25전쟁 이후 미군이 계속 사용하면서 금단의 영역으로 자리하게 된 것을 들 수 있다. 이후 광역도시로 급격히 성장하고 있는 서울 전체에서도 이곳은 아직 미개발의 땅으로 남아있게 된 것이다.

용산 기지의 주변 경부선 철도와 한강대로를 중심으로 하여 남영역 부근에는 일제강점기에 상업 활동이 시작된 공설시장이 열렸던 곳의 형태가 아직도 남아있다. 삼각지 교차로에서 경부선 주 철로의 서쪽 편으로는 소규모 공장들이 옛 흔적을 가지고 있고, 고가도로 아래로는 서민들이 삶의 애환을 나누는 다양한 식당들이 자리하고 있다. 일제강점기에 형성된 상업 자본을 통해 유입된 캐러멜 공장이 그 명맥을 유지하여 현재에도 제과 공장으로서 자리 잡고 있다.

삼각지 교차로 주변에는 삼각맨션과 같이, 1950년대 이후 60년대와 70년대에 지어진 아파트들이 있는데, 그 아파트들 앞에는 전기나 철도와 관련된 시설들이 넓은 땅을 차지하고 있다. 이런 시설들은 일제강점기부터 철도나 전기와 관련하여 사용된 시설들이며, 이 시설들이 세워진 땅은 공공기관이 소유하고 있거나 대토지 소유자가 가지고 있는 땅인 데다, 용산 기지와 군사 보안이 요구되는 시설 주변이다 보니 아직 개발의 속도는 더딘 상황이다. 삼각지에서 용산구청 방향으로 동서로 가로지르는 도로는 국방부 앞을 지나 용산 기지를 좌우로 관통하며 이태원으로 연결된다.

일제강점기 한양도성의 중심에서 남쪽으로 위치한 용산은 철도역을 중심으로 도시의 기능이 커지면서 상업 자본들이 들어와서 정착한 곳인데, 용산과 삼각지 주변에 여러 회사 건물들과 기간 시설들, 공공기관들이 많이 들어서게 되어 배후지역에 주거가 필요하게 되었다. 이에 따라 철도 산업과 관련된 사람들뿐만 아니라 은행과 같은 여러 시설과 관련된 사람들의 거주를 목적으로 사택 단지들이 많이 조성되었다. 후암동에는 지금의 한국은행의 전신인 조선은행의 사택 단지들이 조성되었고 아직도 한국은행 사택 단지들이 있었던 땅의 형태가 남아있으며, 그 땅을 사용하는 건축물의 형태는 바뀌어, 지금은 은행의 기숙사 건물들이 들어서 있다.

철도 관사의 경우, 과거에는 철도공사 측에서 관리했지만, 오랫동안 사용해 온 철도 회사 근로자에게 소유권을 넘기는 일이 있었기 때문에, 다른 지방의 철도 관사들과 마찬가지로 용산에도 철도 관련 사택 단지나 부지들이 아직도 많이 남게 되었다. 즉 대단위의 땅이 개별 필지들로 나뉘면서 남게 된 것인데, 이런 개별 필지들이 유지되고 여전히 건물이 사용되고 있지만, 용산에서 개발 사업이 진행되면서 언제나 철거의 위험에 노출된 상황이다. 언제 철거될지 모르는 상황이다 보니, 소유주들은 집을 크게 고치거나 돈을 들이지 않고 단순히 유지만 하면서 사는 경우가 많다. 또한 자투리땅을 이용하기 위해 철로 옆이나 이면 지역의 독특한 형태의 땅에 주거지역이 남아 있기도 하나 서서히 사라지고 있는 실정이다.

용산역 근처에는 철도병원이라고 불리던, 과거 중앙대학교 부속병원으로 쓰이던 건물이 아직도 남아있다. 이 건물은 사실 용도가 병원으로 지정되어 있다 보니, 철도 공사가 소유하고는 있지만 병원으로 쓰여야 하므로 거의 방치된 상태였고, 드라마나 영화의 병원 세트로 많이 사용되고 있었다.[2] 용산역 앞은 포장마차들이 즐비하고 집창촌이 있었던 곳이었지만, 역세권 개발로 고층의 주상복합이 들어서면서 이제는 그 흔적들이 모두 사라졌다.

과거에는 철도역의 기능이 굉장히 다양했기 때문에 역은 사람들이 대단위로 모여드는 곳이었고 이를 위해 역 광장이 크게 형성이 되어 있었다. 서울역, 용산역, 영등포역, 청량리역과 같은 과거 주요 철도역들의 공통점이라면 역 앞에 광장이 만들어져 있다는 것이다. 지금처럼 온라인으로 매표시스템이 발달해있지 않았던 때에는 귀향이나 귀성 열차표를 사기 위해 며칠 전부터 광장에서 연탄을 피워 가며 사람들이 줄을 서 있는 풍경도 있었고, 군대의 비상소집 때문에 어디론가 가야 할 때 소집 장소는 역 광장이었던 시절도 있었다. 역 광장이란 다양한 기능들을 수용하던 장소였지만 현재는 역전(驛前)의 기능이 변화하여 역사(驛舍)와 역 광장은 사무실 내지는 상업 활동을 위한 시설들로 채워져 있다. 현대적인 개발 논리에 따라 대부분의 역사들이 복합화, 상업화를 통해 수익을 내기 위해서 저마다 쇼핑센터를 유치하면서 역사와 역 광장의

---

[2] 1928년에 지어진 구 철도병원은 1984년부터 중앙대학교 병원에서 '용산병원'이라는 이름으로 사용했는데, 2007년 10월 코레일이 '용산병원 부지 개발사업'을 추진하면서 중앙대학교 병원에 임대차 계약 해지를 통지했고, 2년간의 소송 끝에 2009년 12월 중앙대학교 병원이 패소하면서 코레일에 2011년 토지와 건물을 반납하게 되었다. 하지만 서울시가 이 땅을 '종합 의료시설' 부지로 지정함에 따라, 토지 용도 제한 때문에 병원 이외 다른 용도로의 개발이 불가능해졌고, 코레일이 이 건물의 임차 사업자를 찾지 못해 그동안 버려진 건물이나 마찬가지였다. 2008년 등록문화재 제428호로 등록된 이 구 철도병원을 두고 현재 용산구에서 용산역사박물관 설립 계획을 발표했다.

의미가 변화했다. 물론 본래 역의 기능에 상권이 결합하면 역의 활성화에 도움이 되고 여러 가지 면에서 이점을 갖지만, 그 이면에서 우리는 사람들의 소비 집중적인 사회 경향을 엿볼 수도 있다.

역이 과연 머물러서 어딘가로 이동한다는 본래의 기능을 아직도 제공하는 곳인지, 아니면 건물 자체만으로도 다양한 생활 편의를 영위할 수 있는 기능을 중점적으로 보아야 할 것인지 현대 사회의 요구와 개발의 방식에 대해서도 생각해보게 된다. 내 집에서 점점 더 가까운 곳에 지하철역과 경전철이 더 많이 생기고, 더 빨리 고속 열차를 타고 지방을 갈 수 있고, 그러면서 전국 각지의 생활권을 더 가깝게 하고 있다. 이런 측면만이 과연 우리 삶을 더 윤택하게 하는 것인지, 용산뿐 아니라 철도 역세권의 개발에 관한 시각으로 확대하여 도시의 변화를 바라봐야 할 시점이다.

아직도 철도시설 이면에는 작게 나누어진 필지들에 남아있는 건물들이 크고 작은 군락들을 형성하고 있다. 길 하나를 사이에 두고 고층 건물들은 오래된 저층 주거지역의 사람들과 어떤 사회적인 편차들을 만들어내고 있는 것은 아닌가, 용산참사의 기억도 희미해져 가는 시점에서 새로운 개발은 또 어두운 역사를 계속 남기고 있는 것은 아닌가 하는 애처로운 생각이 든다.

용산기지 전경

들어가는 글
이주타

건축가의 사진 —
건축물을 본다는 것

2018년 8월 27일이었습니다. 첫째가 초등학교에 입학하고 나서 학교에서 상암동 서울월드컵경기장에서 열리는 경기의 입장권을 받아왔더군요. 상암동 서울월드컵경기장은 국내의 대형 설계사무소인 정림건축에서 류춘수라는 건축가와 협업해서 설계한 작품입니다. 건축가 류춘수는 이미 1988년에 서울 올림픽 체조경기장을 설계했던 경험이 있는 사람이죠. 대형 설계사무소와 건축가의 협업으로 현상 설계 공모에 당선이 되어 설계한 건축물이 서울월드컵경기장입니다. 월드컵 경기의 여파로 사진으로 많이 보기도 하였고 예전에 경기가 열리지 않을 때 건축 전공자들과 답사를 한 경험도 있었지만 그때까지 실제로 경기가 진행되고 있는 시간에 경기장에 가 본 적은 없었는데, 경기가 진행되고 있을 때의 건축물을 보고 싶기도 하고 초등학생 아이와 시간을 같이 보내고 싶어서 가 보기로 했습니다. 아이와 같이 축구 경기장에 간 것은 처음이었습니다. 건축물을 본다는 것. 건축가로서 직업적인 측면에서 건축물을 보고 경험하기도 하지만, 초등학생을 키우는 아빠로서 좋은 건축물을 경험하는 일도 생깁니다. 마음에 들거나 기록하고 싶은 건축물의 모습을 담아두기 위해서 사진을 늘 찍는데, 가족과 함께라면 건축물의 사진을 찍어도 가족이 담긴 사진이 됩니다. 지인들과 같이 방문한 건축물에는 지인들의 모습이 담기는 것처럼요. 건축을 전공한 사람들이 아닌 경우는 상업 공간에서 여기저기 사진을 찍는 제 모습을 이상하게 여기기도 합니다. 지금은 다양한 경로로 상업 공간 혹은 개인이 경험한 공간들을 인터넷상에 올리는 게 붐이긴 합니다. 어린 아들도 커가면서 여기저기 사진을 찍어대는 아빠를 창피해하기도 하였습니다만,

아버지의 직업을 이해하는 초등학생이 되고 나서는 이런 모습도
용인해주고 있습니다. 하지만 건축물을 위주로 사진을 찍는
습관이 있는지라, 이런 경우 항상 사진에 담긴 사람들에게
불평을 듣습니다. 건축물을 위한 사진이지 인물을 위한 사진이
아니라는 것입니다. 아내에게 가장 많이 들었던 말입니다.
건축물의 규모를 알게 해주는 용도로 자신이 사진에 담기는 것을
질색합니다. 결국에는 인물 사진과 건축물 사진을 구분해서
둘 다 찍게 되네요.

　　　상암동 서울월드컵경기장의 외부공간은 주변에 열려
있습니다. 월드컵공원을 향해서 연결된 육교도 있고 서쪽에는
석유비축기지 측으로 공원에 둘러싸인 면이 있고 북쪽으로도
부대시설과 불광천이 보입니다. 동쪽에 마포구청과 차량
검사소가 있고요. 주 경기장의 기능상 많은 사람이 한꺼번에
이동하는 동선을 확보하기 위해서 원형 평면에 여러 군데로
동선이 분산되어 있습니다. 그래서 주변의 풍경을 탁 트인
상태로 볼 수 있게 되어 있습니다. 건축물을 둘러보면서
사진으로 기록하다 보면, 이 건축물이 외부 환경과 어떤 관계를
맺고 있는지 볼 수 있고 주변 건물도 담아 볼 수 있습니다.
건축 잡지에 게재된 사진들은 건축물을 중심으로 담겨있기
마련입니다. 현장에 가야만 주변과 건축물이 만나는 방식을 볼
수 있습니다. 주변과 건축물이 만나는 방식은 건축가가 건축물의
공공성을 지켜내는 가장 중요한 방법입니다. 주변의 상황을
무시하고 지어지는, 사업적인 판단에 의해 금융 대출로 지어지는
건물들에서는 볼 수 없는 부분입니다. 건축가마다 다른 방식으로
공공성을 담는 방법을 보여주는 건축물을 만나면 사진을

찍어 두게 됩니다. 상암동 서울월드컵경기장에서는 동쪽으로 마포구청이 보이는데, 마포구청은 최근에 지은 공공건물로 이중외피 시스템을 가진 10층 이상의 건물이면서 경사진 형태를 구현한 건축물입니다. 건축사사무소에서는 건축 허가와 같은 업무로 구청을 방문할 일이 많습니다. 마포구청은 이전에도 여러 차례 방문하였지만, 따로 구청 건물을 기록하거나 사진에 담은 적이 없으니 저는 게으른 건축가일지도 모릅니다. 물론 신축 건물이어도 가까이에서 보면 유행하는 형식이기만 할 뿐 기록할 만한 부분은 적은 경우도 많아서 사진에 담지 않는 경우도 있지요. 신축 건물임에도 불구하고 어떤 감흥을 주지 않는 건물들도 많습니다. 오래된 건물이라고 할지라도 정이 가지 않는 건물이 있기도 하고요. 건물의 규모와 관계없이 저에게 감흥을 주는 건물들은 지나쳤다가도 다른 기회가 생기면 다시 들러서 사진을 찍게 됩니다. 사진에 제가 받은 감흥이 안 나타나더라도 상관없습니다. 사진을 찍는 동안에 그 건물을 경험하고 보면서 받은 감흥은 머리에 담기고 마음에 새겨집니다.

  경기가 시작될 때까지 남은 시간에 주변을 둘러보고 사진도 찍은 후, 경기장 안으로 들어가서 아이랑 같이 자리를 잡고 나서 아이랑 아이 친구랑 경기를 보는 모습을 지켜보다가, 지금 경기를 관람하는 사람들에게 건물이 어떻게 보이고 사용되고 있는지를 살펴보았습니다. 전문잡지에 게재되는 건축물 사진들은 주로 사용자들이 배제된 상태로 찍습니다. 반대로 사용자들이 건축물을 가득 채우고 있어 건축물은 배제되고 인물이 중심이 되는 신문 기사의 사진들이 일반 사람들이 만나는 실제의 건축물을 보여주는 사진일 것입니다.

건축물과 사용자가 관계를 맺는 형식, 대형 건축물이 운영되는 방식을 여기저기 둘러보면서 사람들의 동선과 여러 설비들을 관찰합니다. 이때 다른 사람들은 다 경기를 보는데 혼자서 그들과 분리되어 이것저것 관찰하고 있는 자신을 보게 됩니다. 사실 건축물을 짓는 목적은 사용하기 위함일진대, 건축물을 짓는 일을 직업으로 하고 있어서일까요, 건축물을 보고 기록하는 데에 집중하다 보면 건축물의 본래 용도를 제대로 사용하지 못하고 나오는 경우가 생기는 일도 있습니다. 이 건물은 축구 경기장이고 공공 건축물입니다. 경기장에서 경기를 관람하고 나오는 것을 제대로 즐기지 않고 건축물의 건축적인 측면이나 조명, 사람들의 모습을 관찰하고 나오는 경우가 되어버렸습니다. 함께 간 아이들처럼 경기를 잘 관람하고 나오는 것이 아니라 건축물로서의 경기장을 둘러보고 나오는 직업적인 분석에 시간을 들이는 것, 경기 결과보다는 건축물이 제대로 역할을 하는지에 대해 생각을 하면서 나오게 됩니다.

    저에게는 그러한 직업적인 태도가 작용하는 것 같습니다. 좋은 건축물을 경험하면 무언가를 기록하고 나와야 하는 것이 아닌가 하는 의무감이 들곤 합니다. 김석철 건축가가 설계한 예술의 전당 미술관은 많이 가지요. 그러다 한번은 음악당에 표를 얻어 간 적이 있는데, 공연을 보다가도 초청장에 실내공간을 스케치하고 있기도 합니다. 공공건물을 사용하고 나오면서 필요하지 않은데도 화장실은 둘러보고 나온다든가, 건물의 마감 상태와 세부 사항에 정성을 얼마나 들였는지 확인하고 나오는 행동을 하는 자신을 발견하게 됩니다. 새 건물에 가면, 건물을 사용하고 나오면서도 의식적으로 사진을 몇 컷을 찍고 나오는 습관을 지니고 있습니다. 오래된 건물에서는 오래된 설비 방식이나 장식의 흔적을 찾아내면 사진기를 들이대고 기록하고 혼자 뿌듯해합니다. 이러한 습관 덕에, 지난 십여 년간 때때로 기록해 두었던 사진들이 있습니다. 그 사진들을 중심으로, 일상에서 또는 거리에서 마주치는 건축물을 들여다보고 기록하며 생각했던 것들을 이야기로 풀어낸 것이 이 책에 담겨 있습니다.

이 책의 2부는 누군가는 기억하고 기록할 우리 주변의 일상 속 건축물에 관한 이야기입니다.

1

오래된 건물을 보다

남가좌동 1965년집

남가좌동에 있었던 이 집은 1965년에 지은 집입니다. 그 옆집하고는 30~40cm 간격으로 정말 한두 뼘을 띄고 벽이 마주 본 상태였습니다. 지금은 민법상으로 50cm를 이격거리[1]로서 두는 규정과 대지 안에 공지를 두는 건축법 때문에 그렇게 못 짓죠. 방문했을 당시 비어있는 집이라서 부동산의 소개로 건물 안에 들어가 봤습니다. 집의 내부에는 목제 문, 목제 미서기창[2]을 사용했고, 목제 창호 틀에 무늬 유리가 단판으로 끼워져 있었습니다. 60년대에 국내에서 생산된 이런 무늬 유리는 지금도 생산됩니다. 이 주택은 전형적인 60년대 단층주택으로 시멘트 기와지붕에 벽돌 구조 벽 형식의 소형 주택 모습이지만 뭔가 조금 다른 모습이 있었습니다. 주변의 건물들에 비해, 골목의 중간에 자리 잡고 있고 대지의 크기도 작아서 더 왜소하다는 인상도 있었습니다. 마루가 장마루라는 형식의 긴 쪽마루인 데다가 대청이라기에는 좁고 긴 직사각형의 복도 같은 형식이었고 지하엔 높이가 2m밖에 안 되는 창고가 있었습니다.

1960년대 남가좌동 일대는 버스 종점에서도 떨어져 있었던 외곽의 주거지였죠. 버스가 대중교통의 중심이었던 시기에 서울의 도시는 종점까지만 중산층의 주거지가 확산됐고, 종점에서 더 멀어질수록 서민들이 살았습니다. 지금 이 일대에는 이런 모습의 시멘트 기와지붕을 얹은, 20평이 안 되는 아주 작은 집들이 아직 남아 있습니다. 이 비슷한 형식의 건물을 10채 이상 근처에서 발견했

---

1 건물을 지을 때 인접한 대지의 경계선에서 일정 거리를 띄워야 하는 규정.
2 창을 한쪽으로 가로 밀어 넣으면 두 짝이 겹쳐 서게 되어 열리는 창.

1965년에 지어진 남가좌동의 주택. 현재는 철거되어 남아있지 않다.

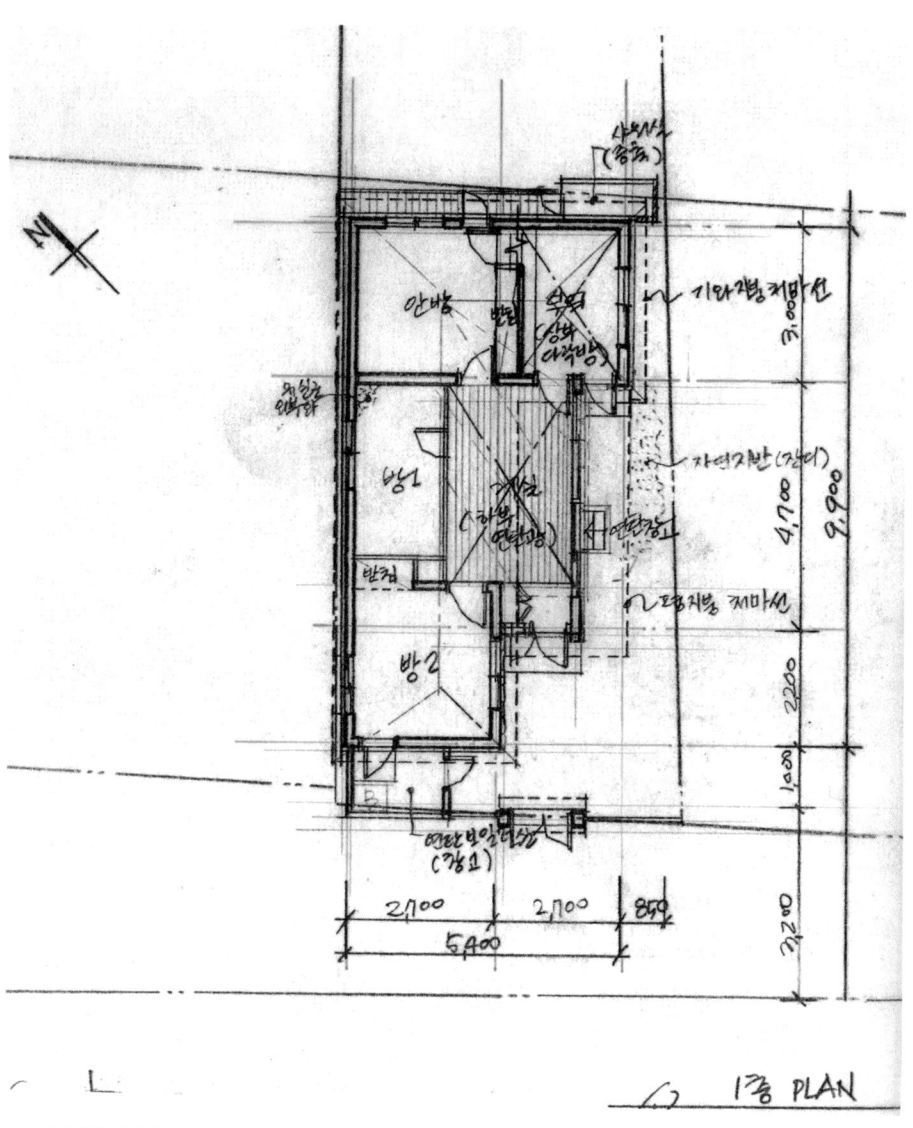

저자 이주타가 작성한 남가좌동 1965년집의 평면도

습니다. 모래내 시장에 인접한, 뉴타운으로 조성된 재개발 지역에는 더 많은 집이 다양한 평면을 가지고 있었습니다. 서울시에서 뉴타운 사업을 하기 위해 기초자료로 조사한 뉴타운 민속지들을 보면 다양한 방식의 지역의 삶이 기록되어 있습니다.『가재울 삶 그리고 이야기』[3] 같은 이 지역의 생활문화 자료조사에 기록된 집들도 많이 있습니다.

 이 건물 안에는 정말 작은 방이 있어요. 1.8m 폭에 길이 2.2m 정도의 방이죠. 한 사람이 누워 팔을 뻗으면 양쪽 벽이 닿습니다. 베개를 베고 누워 팔을 위로 들어 올리면 발끝과 손끝이 벽에 닿지요. 침실로 쓰였던 방인데요, 그 작은 방은 마루에 면해 있고 넓은 방은 도로 쪽에, 안방과 부엌은 안쪽에 있습니다. 안방과 부엌을 잇는 작은 문도 있습니다. 화장실은 도롯가에 있는 대문 옆 작은 부속 건물에 있습니다. 안방과 부엌의 뒤쪽으로 담에 접한 세면장이 또 있었는데 아마도 나중에 살면서 증축해서 사용한 것 같습니다. 도로에 면한 방의 뜯긴 천장 속을 들여다보니 천장 합판을 달아매기 위한 천장 틀의 목재들이 아주 가느다란 부재였습니다. 외벽의 붉은 벽돌에 비해서 천장 속의 시멘트 벽돌 쌓기는 매우 허술해서 기와와 벽체 사이의 틈으로 빛이 비치기도 하였습니다.

 이렇게 건물을 들여다볼 때, 치수를 재고 도면으로 기록을 하는 일이 중요하다는 생각이 들어서 할 수 있으면 현장에서 실측하려고 합니다. 그래서 이 건물을 두 번째 들여다보는 날 간단하게 치수를 재고 평면도와 단면도를 그려 봤습니다.

 60년대 건물이 이 근처에 10개 이상 있는데 그 건물 중 하나라도 기록해 두면 그 당시 지었던 집들을 아는 데 도움이 되지 않

---

3 서울역사박물관 발행, 2009

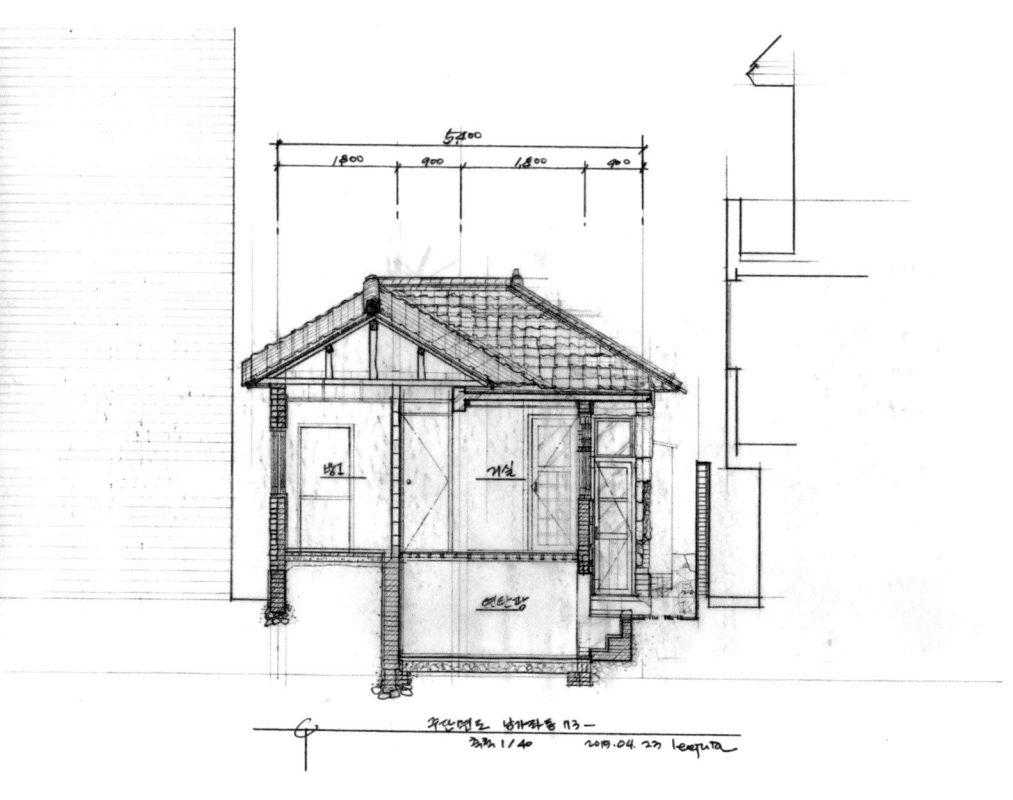

저자 이주타가 작성한 남가좌동 1965년집의 단면도

오래된 건물을 보다

을까 하는 생각을 하면서 도면 작업을 하였습니다. 50년대, 60년대, 70년대 주택에 관한 논문이나 서적을 보면 정말 단순한 치수도 적혀있지 않은 평면들, 현장 스케치 수준의 평면들을 가지고서 그 당시의 주택이 어떠했다, 특징이 어떻다 하고 이야기하더라고요. 저는 그걸 보면서도 '그것이 다일까' 하는 생각을 하게 되었고, 이 건물을 기록하면서 건물을 짓는 기술과 공간을 더 자세히 기록하기 위해 주택의 평면뿐만 아니라 단면도 그렸습니다. 트레이싱지에 수작업으로 축척을 반영하여 단면을 그렸죠. 이 건물의 구조가 어떻고 지붕이 어떤지, 바닥의 구조는 어떤지, 마감은 어떤 것이었는지를 이야기하고 싶었습니다. 글로 쓰지 않고 현장에서 찍은 사진을 토대로 트레이싱지에 도면을 그려서, 건축을 전공한 사람이라면 보고 바로 알 수 있는 그런 도면 작업을 했습니다.

　이 건물은 마루 밑에 지하 공간이 있습니다. 마루는 난방이 안되는 나무 구조이고, 마루 밑으로 사람이 허리를 바로 세우기도 힘든 1.6m 정도의 출입구를 통해 내려가면 2m 높이의 지하 공간이 나옵니다. 창고처럼 쓰인 공간입니다. 이 건물이 연탄을 사용하던 집이었기 때문에 연탄을 보관하는 창고로 썼고요. 부엌은 실내에 방과 같은 바닥 높이로 있는 것이 아니라 한옥처럼 안방보다 낮은 높이에 있었습니다. 부엌은 안방과도 작은 방문으로 연결이 되지만 단 차이가 있어서, 마루를 통해 마당으로 나와서 들어갈 수 있게 되어 있습니다. 부엌이 오히려 마당과는 같은 바닥 높이로 연결이 되는 식의 구조로 되어 있습니다.

　천장 속의 목재를 보면 전통 한옥과 비교할 때 정말 작은 부재로 지어진 집이란 사실을 알 수 있습니다. 시중에 유통되는 가장 싼 목재를 사용한 것이죠. 부재를 사용하는 것은 집마다 조금씩 차이가 있겠지만, 대체로 1960년대 일반 주택의 전형적인 모습을 하고 있어, 당시의 생활상도 추측해볼 수 있습니다.

천장을 뜯어 보면 어떤 부재를 사용했는지 알 수 있다.

후암동 유신기술단

후암동에는 일본식 주택들이 많이 남아있습니다. 최호진 소장과 같이 후암동의 오래된 사무실 건물을 보러 갔을 때였습니다. 서울역 방향으로 동쪽에는 언덕 위로 집들이 경사진 도로에 면해서 자리 잡고 있는데, 거기서 5미터 가량 되어 보이는 높이의 견치석 쌓기[4]를 한 석축이 보였습니다. 그리고 그 맞은편에서 오래된 관공서처럼 보이는 건물을 발견하였습니다. 위쪽에서 내려다보면서 건물에 다가갈 때까지는 규모가 크지 않은 아담한 건물로 보였는데, 사각형으로 잘 다듬은 석축 위로 지면에 접하는 층은 벽돌로, 지상 층은 시멘트 모르타르로 뿜칠[5]마감을 한 이층집이었습니다. 도로에 면하여 제법 길게 배치되어 있었고 대문에서 올려다 보이는 현관은 기둥에 돌장식을 한 것이 제법 인상적이었습니다. 마당에는 오래된 향나무와 담쟁이가 건물의 오랜 모습을 거들고 있는 집입니다.

대문의 문패에 쓰여 있는 유신기술단이란 이름과 토질연구소라는 글자로 미루어 보아, 또 건물 자체에 유신기술단의 마크가 새겨져 있는 걸 보고 오래된 회사가 쓰던 오래된 건물이구나 하고 생각했습니다. 유신기술단은 현재 유신코퍼레이션이라는 토목 설계 회사입니다. 1990년도까지 국내 1~2위를 다투던 토목 분야 설계 업체로 인천공항 전체 설계를 했던 회사죠. 그 회사가 생기기 이전부터 있던 건물인데 그 회사가 쓰면서 남아있게 된 것이라는 생각이 들었고요. 건물 내부를 들여다보기 위해서 아는 지인들에

---

4 각뿔 모양으로 가공한 화강암 등의 단단한 돌로 축대를 만들어 옹벽을 쌓는 방식.
5 분무 노즐을 이용해 시멘트 모르타르를 균일하고 세밀하게 뿜어서 외부 마감 면에 거칠게 마감하는 방법.

후암동에 있는 유신기술단 건물의 모습

게 부탁을 했지만 회사에서 공개하지 않는 건물이라고 해서 안을 들어가 보지 못했어요. 그래서 바깥만 둘러봤습니다.

사실 요즘에는 외부 마감에 콘크리트 시멘트 덩어리를 덕지덕지 붙여서 마감하지 않으니까 그런 마감이 있으면 그것만 봐도 오래된 건물인 걸 알 수 있고요, 창문 부분의 창대가 돌로 테두리를 마감 처리한 것이어서 굉장히 눈에 띄었습니다. 방범 창살 모양도 좀 기하학적이면서 요즘 쓰지 않는 방식의 모양이고, 목제 틀에 끼워진 유리도 자세히 보면 불균일한 면을 가진 유리를 썼는데, 이런 부분들을 통해 오래된 건물이라고 판단했죠. 건물 뒷면으로 미장 면에 수성페인트를 칠한 부분은 증축된 것으로 보입니다. 토목 분야의 설계회사에서 '기술단'이라는 명칭을 쓰기 시작한 것은 60년대부터라고 할 수 있습니다. 토목 설계의 다양한 분야의 기술자들이 모여서 만든 회사로, '기술단'이라는 이름을 붙여 도시 계획에서부터 토목에 관련된 다양한 분야의 업무를 수행할 수 있다는 것을 나타내었을 겁니다.

건축물을 볼 때 어떤 기초 위에 지어졌는지 살피는데, 이 건물은 콘크리트 기초가 아니라 벽돌 기초 위에 지어진 것 같았습니다. 또 지붕과 벽이 만나는 부분의 마감 상태에 따라서 건물을 얼마나 공들여 지었는지를 추측하는데, 벽돌 위에 시멘트 모르타르 마감을 거칠게 한 흔적을 봐선 처음 건물도 주택은 아니고 사무실이 아니었을까 싶었습니다. 대문의 장식, 주 출입구 처마의 돌 장식을 보더라도, 사실 예전에는 민간 건물에서 저렇게까지 정성들여 재료를 시공하지 않았던 것 같거든요. 건물의 사용 상태를 봤을 때 관에서 사용하지 않았을까 그런 추측을 해보았습니다. 더 자세하게 조사한 것은 아니라서 그 정도만 건물을 둘러보고 사진으로 기

기하학적 무늬의 창살과 돌로 테두리를 마감한 창틀이 인상적이다.

록을 해봤습니다.

　　건물 터를 다듬은 부분을 보면, 돌쌓기가 도로 맞은편의 석축과 다르게 일정한 크기의 사각형 돌을 수직으로 반씩 겹치게 쌓는 방식이었습니다. 주변의 대지들을 보면 견치석 쌓기라고 해서 사각추 모양으로 다듬은 돌을 사용하여 위쪽으로 올라갈수록 안정적으로 기울기를 가지도록 하는 석축 쌓기를 하였습니다. 견치석 쌓기의 특징은 기울기를 가지면서 정면에서 보면 돌들이 마름모 패턴으로 보이는 것인데요, 돌을 안으로 뾰족하고 거칠게 다듬어 겉에서는 사각형이 보이지만 석축 단면을 보면 사각추 꼭지들이 안정적으로 기울여지면서 쌓이는 방식입니다. 주로 오래된 동네의 경사진 골목에서 이런 석축 기단부를 볼 수 있는데 경사진 지역에 대지를 조성할 때 효과적이기 때문입니다. 그런데 이 건물은 마름모 모양의 돌로 견치석 쌓기를 한 것이 아니라 한옥의 담장에서 보이는 사고석 쌓기[6]를 한 것으로 보입니다. 견치석 석축보다 돌을 더 정성스럽게 가공한 후에 건물의 기초로 사용한 것입니다.

　　사고석 쌓기로 된 석축을 가진 집이라면 그 자리에는 최소한 1950년대 이전에 지어진 집이 앉아 있었을 가능성이 있습니다. 그래서 건물의 내부도 들어가서 자세히 보고 싶은 마음이 있었지만 아쉽게도 기회가 없었습니다. 이 건물이 자리 잡은 언덕에서 대략 20m 정도 아래에 서울역에서 용산으로 이어지는 대로가 있어서 서울역에서 걸어서 십분 이내에 도착할 수 있는 거리에 위치한 건물입니다. 이 건물이 사용될 때는 다양한 지역의 현장에서 채취해 온 토질시험용 공시체들이 철도를 통해서 올라와 지하층의 토

6　견치석 쌓기에서 사각추 꼭지를 가진 돌을 사용하는데 반해 사고석 쌓기에서는 정방형 육면체의 돌을 사용한다.

질시험실 창고를 채웠을 것입니다. 이곳에서 우리나라 여러 도시의 기반 시설들을 설계하고 틀을 잡았던 토목 설계인들이 나이가 들어 은퇴를 하듯이 이 건물도 이제 다른 용도로 활용되어 시민들에게 개방되는 날을 기대해봅니다.

석축 역시 건축물의 역사를 말해주는 요소이다.

두 개의 창고 건물이 서로 다른 외관을 하고 있다.

용두동 벽돌 창고 건물

　도시에서 만나는 벽돌을 주 구조체로 하여 지어진 건축물은 그 자체만으로도 존재감을 가지는 것 같아요. 용두동에 있는 이 창고 건물은 하얀색의 페인트로 덧칠한 건물과 그 옆에 페인트칠 없이 벽돌 벽이 그대로 남은 건물, 두 개가 나란히 서 있습니다. 하얀 건물은 원래의 벽돌 벽면에 시멘트를 다시 발라서 미장 마감을 한 상태에 수성페인트를 칠하여 원래 건물의 구조체인 벽돌의 색감이 하나도 남아 있지 않지만, 마감 자체와 형태 자체에서 벽돌 건물이었음을 추정하게 하는 요소가 있죠. 원형이 보존된 건축물과 외관을 변형한 건축물 두 개가 같이 있는 것 자체도 재미가 있고요. 건축물을 사용하는 사람의 마음이 다른 거라고 생각됩니다.
　어떤 건축물은 도장으로 다 덮여서 원래의 외관을 잃어버리고 어떤 건축물은 원래 지어진 상태 그대로 남아 있습니다. 원래의 마감이 그대로 남은 건축물도 우리 도시의 지역 건축 자산이고, 외관이 변경된 경우라고 하더라도 건축물의 구조체가 그대로 있어서 언제든지 다시 원상태로 돌릴 수 있는 그런 가벼운 마감이라면 건축 자산으로서 의미가 있는 것 같아요.
　자세히 들여다보면 공장인지 사무실인지 정확하게 추정할 수 없지만, 굉장히 디자인이 잘 되어 있는 벽돌 건물입니다. 벽돌 구조 벽에는 외부에 튀어나오도록 쌓은 기둥이 위 처마 장식과 만나고, 그 사이에 시멘트로 마감된 창도 반복적으로 6개가 나란히 있습니다. 사실 창 밑에 있는 작은 개구부의 역할에 대해서는 정확히 잘 알 수 없지만, 건축물 자체가 가진 외관을 보면 정말 디자인

벽돌을 쌓아 기둥을 만든 모습을 확인할 수 있다.

오래된 건물을 보다

이 잘 된 조적조[7] 건축물이 아닌가 싶어요. 도로 쪽에서 보이는 건축물의 입면은 비례가 좋은 외곽선과 역시 비례가 좋은 창들의 결합을 잘 보여준다고 생각합니다.

건축물의 저층 부분을 보면 벽돌 쌓기로 만든 기둥이 있어, 보강이 잘 된 건축물이란 인상을 받습니다. 그리고 건축물에 뭔가를 덧붙였다가 뗀 흔적, 고정했다가 메운 흔적들이 그대로 남아 있어서 '오래된 건축물이구나, 여러 사람의 손을 거쳐서 쓰인 건축물이구나' 이런 생각이 했습니다. 이 두 개의 건물을 한자리에서 이렇게 나란히 보면서, '시간이 더 지나면 용도가 바뀌고 또 변할 텐데 후에 이 건축물이 어떻게 기억되면 좋을까' 하고 생각하기도 했습니다.

도시에서 만나는 건축물 중에는, 굳이 목적을 가지고 답사하는 사람들에게만이 아니더라도, 우리가 평소에 동네에서 자주 접하게 되어 익숙하게 인식되는 건축물이 있을 겁니다. 지역에 대한 기억을 같이 공유하는 친구들이 오랜만에 만나는 장소를 정할 때 '어디 근처에서 봐'라고 하면 설명하지 않아도 서로 알고 공감하듯이 말이지요. 저의 경우 서울에서 구조체와 외장 마감재로 벽돌을 사용한 오래된 건축물을 만나게 되면 여기도 이런 건물들이 있었구나, 하고 마음의 인사를 나누게 되는 경우가 있습니다. 늘 주변에서 접해왔던 오래된 건축물의 모습으로 인해 처음 가 보는 장소인데도 불구하고 익숙한 느낌을 받고 안도감이 생기는 것 같습니다.

---

7 돌, 벽돌, 콘크리트 블록 등으로 쌓아 올려서 벽을 만드는 건축 구조.

청계천 삼일아파트의 모습

오래된 건물을 보다

청계천 삼일아파트와 황학동 일대 노후 건축물

청계천 일대 재개발 사업으로 인해 주변 건물들이 많이 철거되었고 이제는 일부만 남아 있습니다. 삼일아파트는 1969년 청계천 변에 세워진 시민 아파트로 청계천 고가도로변에 지어졌습니다. 1~2층은 상가, 3~7층은 주거공간으로 계획한 주상복합아파트로 청계천 변에 있는 김중업 건축가가 설계한 삼일빌딩과 함께 당시 도시 경관을 형성하는 주요한 장소였습니다. 1960년대 말 주택난 해소와 판자촌 정비를 이유로 을지로 재개발이 진행되면서 본래 거주하던 사람들에게 이주용으로 제공했던 아파트였다고 합니다.

건축가로서 어떤 특정 건축가의 건축물을 찾아가서 보기보다 시간이 되면 주변을 걸으면서, 지어진 지 20년 안쪽의 건물보다는 그보다 더 이전에 지어졌으면서도 눈에 띄는 건축물을 발견하면 사진으로 찍어 두는 습관이 있어요. 청계천의 8가나 9가 쪽으로 걷다 보면 삼일아파트가 있었는데, 상가와 주거가 한 건물에 수직적으로 모인, 주상복합 형태의 아파트였습니다. 1960~1970년대 지어진 이런 10층 이내의 아파트들이 서울 시내에 꽤 남아 있어 자주 눈에 띄었었지만, 최근에는 많이 사라졌죠.

청계천의 동대문시장에 면한 지역부터 헌책방이 모여있던 길을 따라 걸으면 여기 삼일아파트까지 오게 됩니다. 그리고 그 건너편에 청계천 쪽에서 신당동 쪽으로 가는 길에도 오래된 건축물이 많이 있습니다. 오래된 건물을 향해 카메라를 들이대서 찍으면 굉장히 모던한 건축적 입면이나 형태를 찾을 수 있어요. 구조체 자체의 크기와 비례 같은 것이 그런 모던함을 보여주는데요, 건물 입면에 창호를 사용할 때 엄격하게 지켜진 정사각형 비례 같은 것이 하나의 예입니다. 지금은 사용하지 않는 재료이지만, 예전에는 가로로 긴 수평 차양이나 세로로 된 수직 차양을 콘크리트로 혹은 벽돌 내밀어 쌓기 방식으로 만들었는데, 이런 것들도 오래된 건물에서 볼 수 있죠. 가로로 긴 콘크리트 수평 차양과 수직 차양이 정말 얇은 15cm, 20cm 두께로 마감된 걸 보면 '아, 1970년대 이전에 지어졌겠구나' 하고 추측할 수 있습니다.

  황학동 일대는 중고 가전제품들이 많이 판매되는 지역입니다. 사진을 보면 오래된 전자기기들과 중고 가전들이 가득 찬 골목길에 '중앙 낚시' 간판과 담배 파는 곳이라는 표시가 보입니다. 이 중앙 낚시 건물의 이 층 부분에서 모던한 건축물의 형태가 보이는 것이 인상적입니다. 이 건물은 80년대에도 저런 모습이었을 것이고 90년대에도 같은 모습을 하고 있었을 것이고 오랜 시간이 흐르고 나서야 사람들의 소비 욕구의 변화와 그에 따른 길목의 쇠락을 알게 되었을 것입니다. 한 장소에 건물이 지어지고 나면 그 건물의 사용자들은 바쁜 일상을 따라 살아가느라 주변 환경의 변화에 신경을 쓸 겨를이 없지요. 자신도 나이가 들어가는 것을 알지 못하고 건물의 노후화도 인식하지 못하는 것 같습니다. 그렇게 좋은 건축물이 있어도 사람들은 그와 상관없이 건물에 어떤 행위를 하고 있어요. 무언가를 덧붙여서 사용합니다. 건축물을 짓는 사람의 입장에서는 그런 점이 사실 조금 아쉬워요.

  그렇게 길을 가다 보면 더 오래된 건축물도 만납니다. '서원상회'란 간판을 단 건물이 있는데, 슬레이트 처마에 목재로 된 창틀이 있고, 창틀에는 깨끗하고 투명한 유리가 아닌 반투명한 유리가 끼워져 있었습니다. 반투명의 유리가 끼워진 목제 틀이라면

(위) 콘크리트로 만들어진 수직과 수평 차양을 가진 건물.
(아래) 오래된 건축물에서 모던한 입면을 발견할 수 있다.

1940년대 전후에 지어진 건물이 대부분입니다. 이런 창을 가진 건축물을 보면 입면을 위주로 관찰합니다. 오래됐다는 단서라고 나름대로 생각하기 때문이죠. 그리고 이런 건물일수록 금방 없어집니다. 다음에 이곳에 다시 왔을 때도 그 건물이 남아있을지 확신할 수 없어요. 개인적으로는 건축물 전체의 모습보다 유리와 슬레이트 처마 부분을 주로 관찰하여 기록합니다. 왜냐하면, 과거에 만들어졌던 방식의 유리와 목제 창문, 그런 것들이 후에 다시 같은 방식을 재현한다면 자료로써 필요하지 않을까 그런 생각도 들기 때문입니다. 하지만 이런 재료를 사용한 건축물은 콘크리트로 된 수직 수평 차양을 가진 건축물에 비해서 건축적인 매력은 조금 덜하다고 생각합니다. 그럼에도 불구하고, 지어질 당시에 쓰였던 재료들과 만든 방식 같은 것들은 눈여겨볼 필요가 있다고 생각합니다.

오래된 건축물의 창을 통해 과거의 건축 방식을 볼 수 있다.

은산교회 골목길

2012년에 제가 살던 연희동에서 연세대 쪽으로 넘어가는 작은 산꼭대기에 있는 교회 건물을 답사한 적이 있었어요. 집 주변을 배회하듯이 여기저기 골목을 산책할 때가 있는데 그렇게 산책하다가 그곳에 올라갔어요. 살고 있던 아파트 옆으로 경의·중앙선 철길이 터널로 이어져 있었고 터널 위에 공원이 보이길래 그리로 올라가 보니 공원에는 오래된 나무들과 체육시설이 몇 가지 있고, 신촌역 쪽으로 이어지는 길도 있고, 공원을 넘어가면 서대문우체국을 지나서 연세대 운동장으로도 이어지는 것 같았습니다. 그래서 철길에 연결된 터널 위에 있는 공원을 지나쳐 가려고 했더니 이 부근에서 가장 큰 건물 하나가 막고 서 있었습니다.

당시에 사무실에서 설계하고 있던 건물이, 굉장히 좁은 폭의, 마치 감옥의 독방과 같은 방들이 있는 건물이었어요. 그래서 사람이 어느 정도 좁은 폭에서 얼마나 오래 살 수 있을까 그런 생각을 하고 있었던 때였죠. 실제 감옥에서의 생활 경험이 없어서 고민하던 중 산책을 하러 갔는데 이런 공간을 본 거예요. 담하고 담 사이가 1.3m 정도 떨어져 있고, 그 담 사이에 50m 정도 이어진 길이 있었어요. 지적 상의 길은 아닌 듯하고 담하고 담 사이면 대지하고 대지 사이라는 거거든요. 좀 더 자세히 들여다보니까 여기에 세워진 교회 건물이 자기네 땅에서 1m를 들여 담을 쌓았기 때문에 저런 골목길이 생긴 거라는 것을 알 수 있었죠.

이 골목길은 파주와 서울을 잇는 경의·중앙선 철도가 통과하는 터널 위에 있는 땅에 세워진 건물에 접해있어요. 터널이 두 지역을 가르고 있었습니다. 즉, 터널로 나눠진 두 지역을 넘어서 오

좁은 폭의 골목에 앉아 공간을 경험해본다.

가는 길이었어요. 한쪽으로는 서대문우체국으로 넘어가는 좋은 길로 연결되고, 반대쪽은 조금 떨어진 주거지를 이어주는 역할을 하는 골목인 것 같아요. 그러니까 교회에서 두 지역을 이어주도록 1m를 들여 만든 길인 것이죠. 바닥에 앉아서 마치 방에 앉아있는 것 같은 느낌을 가져봤어요. 설계를 위한 생각을 가다듬기 위한 목적이었죠. 이렇게 꺾인 좁은 골목을 거친 시멘트 모르타르로 뿜칠하듯이 마감한 게 참 인상적이었어요. 그래서 길이도 재보고, 가령 이곳이 실내라면 앉아 있을 때 그 느낌이 어떨지 상상해봤습니다.

골목길에서 나와서 둘러보니, 이 골목을 만든 주체가 '은산교회'라는 건물을 지은 사람들일 것으로 추측할 수 있었어요. 교회 건축물은 주로 지역에서 높은 곳, 잘 보이는 곳, 그러니까 독립문에 있는 영천시장 맞은 편 언덕의 구세군교회처럼 높은 곳에서 지역을 내려다볼 수 있는 위치에 많이 지어졌습니다. 그런데 이 은산교회의 경우 그런 위치를 찾아 세운 것 같지는 않아 보였어요. 나중에 검색해보니 청파동 쪽에 있던 교회 사람들이 옮겨와서 이 지역에 교회를 세운 거더라고요. 1979년 정도에 지어졌다고 합니다. 일단 동네에 길을 만들어준 게 특이했어요.

건축물 자체는 특이하지 않았습니다. 그런데 건물의 창은 독특했어요. 철제 창틀에 유리가 끼워져 있는 건물이더라고요. 1979년도이니까 목제 틀을 쓰진 않고, 철제 틀을 썼겠죠. 철제 틀은 녹이 다 슬어 있었고, 일부 몇 개의 창들은 유리가 깨어져 있었고요. 그리고 유리와 철제 틀을 고정할 때 실리콘을 사용한 게 아니었습니다. 그 당시에 실리콘을 대신하는 재료로 주로 사용했던 것이 유리용 퍼티라는 접합제였는데, 이 건물의 창틀은 유리용 퍼티로 마감이 되어 있었습니다. 그런 부분까지 보고 나니, 1970년대 말 당시에는 2층, 혹은 3~4층 정도 규모의 일반 건물들은 이렇게 지어졌구나 하는 것을 알게 됐어요. 창틀도 자세히 보면 정사각형의 비례를 가지고 있는, 잘 지어진 건물이에요. 그 당시의 기록을 검색해서 보니까 특별히 건축가에게 의뢰한 것이 아니고 그냥 지역에 집 짓는 사람한테 교회를 짓게 해달라고 했다는 기록이 있었습니다. 사실은 저 정도의 비례를 가진 창을 만들 정도라면 기본 설계가 있었음이 틀림없을 텐데, 아마 기본 설계는 전문가가 하고 시공만 지역의 집 짓는 사람이 한 게 아닌가 생각했습니다. 이 건물을 보면서 서로 분리되어 있던 동네를 이어주려고 일부러 골목길을 만들어주었던 사람들의 모습을, 70년대 동네의 모습을 상상해 볼 수 있었습니다.

2

건축자산 들여다보기

딜쿠샤[1]

딜쿠샤란 건물은 사람들한테 많이 알려진 건물입니다. 최근에 서울시에서 딜쿠샤를 복원하여 시민에게 개방하는 계획을 추진하고 있습니다. 처음 그 건물을 보았을 때는, 일단 제가 처음 보는 벽돌 쌓기 방식인 데다, 쓰인 벽돌이 익숙하지 않은 크기의 벽돌이라서 호기심이 생겼습니다. 본래 벽돌 건물에 관심이 있어서, 이 건물은 뭘까 하고 궁금하여 들여다보았습니다. 오래된 목제 창호에 유리가 끼워져 있고, 처음 보는 벽돌 쌓기 방식을 가진 언덕 위의 양식 건물. 큰 은행나무가 있는 오래된 마을에 자리 잡고 있더군요. 그리고 제가 방문했을 당시는 주거로 사용되는 듯 보였고요. 매우 특이하더라고요. 이 정도의 건물이라면 공공의 용도로 사용되었을 법하기도 하고, 잘 보존되어 있어야 할 건물이어야 할 것 같았습니다.

딜쿠샤 건물의 지붕은 벽돌 벽체에 박공지붕[2]을 얹은 것입니다. 박공지붕은 한식 목구조로 치면 맞배집[3]이라고 할 수 있습니다. 건물 측면을 보면, 벽돌이 길이 방향으로 쌓여 가장 넓은 면이 보이고, 넓은 면 다음에는 벽돌의 마구리[4]를 세워 쌓기로 해서 짧은 단면이 이어져 있는 모습이 보입니다. 최근에 자료조사를 하다

---

1 1923년에 지어진 딜쿠샤(Dilkusha)는 미국 AP 통신 특파원이었던 앨버트 테일러(1875~1948)가 1942년 일제에 의해 미국으로 추방될 때까지 아내 메리 린리 테일러와 함께 살았던 집이다. 지상 2층 규모의 서양식 주택으로, 일제 강점기 근대 건축사 연구에 귀중한 자료로 평가된다. 2017년 8월에 대한민국의 등록문화재 제687호로 등록되었으며, 서울시가 이곳에 거주하던 주민들을 이주시키고 현재 복원 사업을 진행하고 있다.
2 건물의 모서리에 추녀가 없이 용마루까지 측면 벽이 삼각형으로 된 지붕.
3 박공지붕으로 된 집.
4 벽돌 양단의 면을 지칭하는 건축용어.

골목에서 바라본 딜쿠샤의 모습

딜쿠샤의 외관

가 알게 됐는데, 이것은 벽돌을 두 겹으로 쌓고 중간에 공간을 두어서 단열하는 중공벽 쌓기 방식이라고 하더라고요. 어쨌든 이 건물을 지은 사람이 외국인이었고, 그래서 당시에 자신의 나라에서 집을 짓는 방식으로 하여 건물을 최대한 잘 지었던 것 같아요. 그리고 건물 이름도 이상향이라는 뜻을 가진 '딜쿠샤'라고 명해서, 자신들이 한국에서 사는 집에 현실과는 다른 이상향을 담고 싶었던 게 아닌가 하는 생각이 드는 건물입니다.

건물 자체에 기술적인 부분들이 너무 볼 게 많았던 것 같아요. 집 앞에는 좀 낮은 시멘트 기와집이 있었고 건물에는 증축된 부분도 있었습니다. 이 건물은 1920년대 초에 지어진 건물인데, 증축된 부분을 보면 나무틀인지 쇠인지 분별하기 어렵지만 원래 있었던 틀 부분에 유리가 끼워져 있었고, 반씩 엇갈리게 끼워진 게 디자인이 잘 되어 있는 건물인 것 같았습니다.

건물을 둘러보는 중에 외관에 화려한 장식이 있거나 기술적인 면에서 봐둘 부분들이 있으면 과감하게 안에 들어가서 보는 편입니다. 멀리서 외관을 보기도 하지만 동시에 내부도 들여다보는 것이지요. 안에 들어가서 보면 목재 마감들이 굉장히 오래된 장마루 형식의 목재 마감인 걸 알 수 있었습니다. 또 뒷면에 가서 보아도 중공벽 쌓기를 한 건물이라는 것을 확인할 수 있고, 층을 구분하는 부분에는 단 내밀어 쌓기를 하면서 단을 만들어가는 형태의 건물인 것을 알 수 있었는데, 이런 형태의 건물이라고 하면 현재 남아 있으면서 잘 알려진 건물로는 사당역 근처에 있는 문화재 건물인, 현재 국립현대미술관 분관으로 쓰이고 있는 벨기에 영사관 건물 정도 아닌가 싶어요.

그래서 이 건물은 정말 노후한 건물인 데다 조적 벽체에 갈

(위) 독특한 벽돌 쌓기 방식의 벽돌 벽
(아래) 딜쿠샤의 내부

라짐도 심해서 금이 가 있는 상태임에도 불구하고 굉장히 인상이 깊었던 건물이었습니다. 내부를 보면 바닥의 철근 콘크리트 슬라브가 만들어진 이후 오래되어서 마감 면의 미장 부분인 시멘트 모르타르가 벗겨져 나가고, 구조체의 콘크리트가 떨어져 나가고, 철근 콘크리트 속에 숨겨져 있던 철근이 보이는데, 오래된 철근 콘크리트 건물에 가면 저런 모습들이 간혹 있습니다. 철근이 보여서 녹이 슬었다는 것은 그 건물 구조가 좀 불안해진 것이라고 할 수 있는데, 굉장히 오래됐다는 것도 있지만 잘 관리되지 않았기 때문입니다. 철근의 부식은 오염으로 인한 전이가 금세 일어나고 그것이 번지게 되어 구조적인 힘을 약화시킵니다. 철근 콘크리트의 인장력을 담당하는 철근에 부식이 생긴 오래된 건물은 철강 구조물의 보강이 필요합니다.

하지만, 지금 90년 가까이 됐을 이 건물이 그 정도 상처 없이 지금까지 있겠는가 하는 생각도 들어요. 그래서 오래된 건물을 볼 때 부식과 같은 그런 요소들을 보면 좀 뭐랄까, 새로운 건물에서 보는 하자와는 다른 느낌이 듭니다. 이런 건물들이 잘 유지돼서 남아있거나 잘 활용됐으면 좋겠다고 생각하게 됐는데, 사실 저는 대학원에서 그런 것들을 배우고 졸업한 사람인데도 그때는 그런 것이 제 일로 크게 와닿지 않았던 것 같아요. 그런데 실제로 오래된 건축물을 자주 답사하고 들여다보고 처음의 가치에서 잊혀서 남아있는 건축물과 마주섰을 때, 제 일인 건축물을 짓기 위한 설계가, 대학원에서 건축 역사를 전공을 한 일이, 이런 오래된 건축물과 관련된 분야의 지식을 갖게 해줌으로써 저로 하여금 오래된 건축물에 대한 기록이나 이런 건축 자산과 관련된 일을 하게 만든 게 아닌가 하는 생각이 듭니다. 하지만 같이 간 초등학교에 다니는 아이

들한테 이런 오래된 건축물을 볼 수 있게 해주기 위한 일이나, 오래된 건축물을 몇 년 후 혹은 몇십 년의 시간이 흐른 뒤에 후세에 보여주기 위한 일은, 단지 건축물을 기록하는 것에서 끝나진 않는 게 아닌가 싶어요. 그런 건축물을 찾아내서 알려주고 그 가치를 활용한 운영을 제안하는 책임도 결국은 건축물을 설계하는 사람들에게 어느 정도 있다고 봅니다. 그중에 건축 역사를 전공한 사람들한테 일차적 의무가 있는 게 아닌가 하는 생각을 하게 되었습니다.

    2019년 3월에 서울역사박물관에서 이 건축물에 관련된 전시가 있었습니다.[5] 전시를 통해서 건축물의 이력과 내부 사진을 더 자세히 들여다보게 되었습니다. 특히 내부의 벽난로는 전시장에 재현이 되었고 전시장 입구에는 건축물의 초석이 전시 모형으로 만들어져 있었습니다. 이 건물에서 어린 시절을 보낸 사람이 나이가 들어 노인이 된 후 건축물을 지은 이의 유품들과 건물의 유물들을 서울시에 기증하였고 그와 관련된 이야기와 기증유물들을 모아 전시가 이루어졌는데, 건축물이 지어질 당시의 상황을 잘 보여주는 전시였습니다. 건물 입구의 초석을 보고 전시장에 들어서서 건물에 관련된 기록물들을 관람하면 건물이 지어질 당시의 시간을 간접 경험하게 됩니다. 재현된 벽난로 앞에 서서 그 벽난로의 따스한 온기를 상상해 보기도 하고요. 그 옆의 다른 전시장에서 한강의 강변마을들에 대한, 그리고 그곳에 거주했던 경강상인들에 관한 내용을 같이 보면서, 한강을 통해서 변화된 서울 사람들의 생활 모습과, 인천에서 한국으로 들어와 철도로 서울로 이동하여 서울의 중심부인 서대문 근처에 자리 잡은 외국인들을 생각해보게 되었습니다.

---

5   기증유물특별전 『딜쿠샤와 호박목걸이』(2018-11-23 ~ 2019-03-24, 서울역사박물관)

마곡 효성금속과 염창동 노후 건축물

마곡 효성금속 강서대리점이 있었던 건축물은, 강서구에 살면서 자주 보았던 노후 건축물 중 하나였습니다. 2003년에는 강서구 방화동에서 살고 있었는데, 오가는 길에 멀리서 '효성금속'이라는 간판을 봤습니다. 목재를 사이딩6처럼 겹쳐서 마감하는 방식인 목재 비늘판7마감을 한 건축물입니다. 서울 시내에서 목재 비늘판 벽을 이렇게 본다는 건 참 드문 일입니다. 대학로 방통대 본관 쪽에도 이런 건축물이 있고, 문화재로 지정된 건축물에서 가끔 보게 되죠. 마곡지구 개발 중에 남아 있는 건물이었는데, 2003년에는 마곡지구가 아직 개발 전이라 논밭이 있을 뿐 전부 평지로 비어 있는 가운데에 이 건축물만 혼자 덩그러니 서 있어서 더욱 눈길이 갔습니다.

지나는 길에 몇 번이고 차에서 내려서 보려고 했지만 좀처럼 그러지 못하다가, 어느 날 시간을 내어서 들여다보려고 차를 세웠습니다. 차를 타고 지나가면서 보았던 인상과는 다르게 직접 가까이 가서 보니까 의외로 콘크리트 기초 위에 건축물이 세워져 있어서 깜짝 놀랐습니다. 콘크리트 기초는 물에 잠겨 있었는데, 과거에 이 건물 외에 조금 더 큰 건물, 혹은 큰 작업장이 같이 있었던 게 아닌가 싶었습니다. 전면 창과 비슷한 창이 측면에도 있었어요. 목제 틀에 유리가 끼워져 있었습니다. 효성금속 강서대리점이라고 간판이 붙어 있고, 가까이서 자세히 보니까 낮은 처마를 하나 더 내밀어서 건물을 쓰고 있는 듯이 보였습니다.

---

6 외벽 마감재로 사용될 수 있는, 널빤지로 이루어진 제품의 통칭.
7 비늘처럼 널의 한옆을 조금 겹쳐 대어 빗물이 흘러내리게 붙이는 벽널.

(위) 효성금속 강서대리점 전면
(아래) 콘크리트 기초 위에 세워져 있음을 알 수 있도록 기록한 사진

현재의 양천향교역 부근인 염창동에서 다른 노후 건축물도 하나 더 볼 수 있었습니다. 예전에 영등포와 강서구 쪽에는 공장 지대가 많았습니다. 마곡지구 같은 경우 강서구 끝이거든요. 강서구 행정지역이 정비되던 시기까지 공장 건물이 남아 있다가 지금은 많이 사라졌습니다. 강서구 화곡동을 위주로 주거지가 개발되었고 이어서 가양동 일대가 아파트 단지로 개발되면서, 그리고 최근에는 마곡지구 개발로 인해서 공장 건물들은 이제 완전히 없어진 게 아닌가 그런 생각이 들어요.

사진 속에는 주차장 너머 큰 나무 뒤로 3층 정도의 벽돌 건물이 보입니다. 사실은 콘크리트 가구식 구조[8]이죠. 콘크리트로 기둥, 바닥, 슬라브를 만들고 나머지는 벽돌로 채우며 구조를 보강하는 식으로, 요즘 건축물보다 콘크리트가 적게 사용되는 방식의 건축물입니다. 3, 4층 정도의 건축물이 이런 구조라면 1960년 전후의 건축물로 추정해 볼 수 있습니다. 그 뒤로는 80년대 후반부터 90년대 초에 가양동 도시개발공사에서 주거 단지를 공급하면서 지은 가양아파트가 보입니다. 이런 건축물을 보면, '저 건축물도 어떤 이유든 언젠가는 없어지겠구나' 하는 생각을 합니다. 누군가가 철거하거나 다른 용도로 쓰기 위해서요. 그런 것까지는 저도 건축 일을 하는 사람이라서 어느 정도 이해합니다. 다만, 한자리에서 50년, 60년을 있었던 건축물을 철거한다면 새 건축물을 짓는 사람들이 50년을 버틴 그 건축물에 해줄 수 있는 건, 그 건축물이 있었다는 걸 정확하게 기록하는 일 아닌가 싶어요. 사진 찍는 사람은 사진으로 기록하고, 영상 찍는 사람은 영상을 찍고, 건축물을 짓는 사

---

8 가구식 구조(framed structure)란 목재, 강재로 가늘고 긴 부재를
이음, 맞춤 및 조립으로 뼈대를 만드는 구조이다.

가구식 구조의 벽돌 건물과 그 뒤로 보이는 가양아파트

람은 실측해서 도면화를 할 수 있습니다. 그러다 만약 누가 나중에 그 건축물을 다시 짓는다거나 혹은 모형을 만든다고 할 때 활용할 수 있는 거죠. 이때만 하더라도 이런 건축물이 있었다는 걸 사진으로 기록하는 데서 멈췄는데, 최근 들어서 이와 같은 건축물을 도면으로 기록해야겠다고 생각하고 있습니다.

또 다른 사진 속에는 담 뒤로 멀리 박공형 지붕을 가진 벽돌 건물이 보입니다. 멀리 강서구 이마트도 보입니다. 저 벽돌 건물은 그 당시에 공장 같은 용도로 쓰였겠죠. 그때는 벽돌 벽을 채워서 방화구획[9]을 하는 방식이라 칸칸이 벽돌 벽이 다 쌓여야 합니다. 그런 것을 잘 알 수 있는 건물이에요.

사실 한 지역을 유심히 보다가 어느 건축물을 답사하기로 결정했을 때는, 시간을 일부러 내서 가기 때문에 그 주변도 함께 봅니다. 그러다가 건축 자산이라고 할까요, 그런 가치가 부여될 만한 오래된 건축물이 보이면 사진을 찍어둡니다. 최근에는 좀 더 적극적으로 사진을 기록의 측면으로 보는 입장으로 변했어요. 어느 정도 건축물 조사 자료의 실마리가 될 수 있는 정도까지 기록해야 하지 않나 싶습니다.

효성금속 강서대리점이라는 간판을 단 이 건물은 이제 마곡지구의 개발과정에서도 철거되지 않고 남아서 우리 곁으로 돌아왔습니다. 서울시에서 내부 공간을 활용하여 공공의 용도로 활용하기 시작한 겁니다. 사실 이 건물은 1928년 '양천수리조합 배수펌프장'이라는 이름으로 건립되었고, 2007년 등록문화재 제363호로 등록된 건물입니다. 그 후 십여 년 만에 시민에게 개방이 된 겁니

---

[9] 건축물에서 화재가 발생할 경우 일정범위 이외로의 연소를 방지하기 위하여 건축물을 방화문 또는 방화셔터 등으로 구획하는 것을 말하며, 건축법상 규정되어 있다.

다. 1925년 을축대홍수 이후 재해 복구 사업의 연장선에서 만들어진 배수펌프장 건물이 90년 이상 같은 자리에 남아있습니다. 그리고 이제 시민을 위한 장소로서 건축물의 새로운 활용이 시작되고 있습니다.

담 너머에 박공지붕을 가진 벽돌 건물이 보인다.

세마창고

　은평구 서울혁신파크 내 세마창고는 과거에 구 질병관리본부의 시약 창고로 사용하던 건축물입니다. 이를 철거하지 않고 보존하는 식으로 리모델링해 2016년 8월부터 서울 시립미술관에서 전시 공간으로 사용하고 있습니다. '목조 구조물을 보존해서 역사의 흔적을 유지하고 있다'라는 내용을 동판에 새겨 건물 한쪽 면에 붙여 놓았더군요.

　사실 '서울 시립미술관 세마창고'라는 글자만 없다면 그냥 보통의 소규모 창고 건물입니다. 벽돌을 가로로 한 줄 쌓고 다음 줄은 마구리로 쌓은, 벽돌이 구조체이자 동시에 외벽 마감재인 건물. 1960년대의 전형적인 소규모 건물 모습이죠. 그런데 철근을 그냥 그대로 꽂아서 방범창으로 쓰고 있는 모습이 참 특이하였습니다. 무언가 또 다른 그 시기만의 특징적인 모습을 더 가지고 있지 않을까 하는 호기심이 생기더라고요. 철재를 제대로 가공해서 무언가를 만드는 것이 비용이 많이 들던 시절이었고 철근 자체만으로 아주 비싸고 귀한 건축 재료였던 시기였다고 봅니다.

　세마창고처럼 건축 자산을 재활용한 건축물은 공공기관에서 쓰고 있고 개방성이 강한 용도로 사용되기 때문에 개인이 원하면 언제든지 둘러볼 수 있는 여건이 되는 것 같아요. 주변에서 만날 수 있는 노후 건축물이나 건축 자산이 될 수 있는 건축물을 이렇게 공공기관에서 사용하게 되면, 구조를 보강해서 조금 더 오래 쓸 수 있도록 만들기 때문에 좋습니다. 그리고 이런 구조보강 기술이 있으니까 우리 주변의 건축 자산, 노후 건축물도 생명을 더 연장해서 쓸 수 있는 것이죠. 특히 공공기관은 비용을 크게 따지지

예전에 설치된 듯한 기하학 무늬의 창살과 새로 설치된 듯한 창살이 나란히 대비되고 있어 흥미롭다.

않고 시민 활동에 가치를 부여하는 것에 주안점을 두고서 공간을 조성할 수 있으니, 오래된 건축물의 활용 측면에서는 공공기관에 의한 것이 더욱 장점이 있는 것 같습니다. 다만, 시약 창고 건물을 다시 보존해 시민을 위한 공간으로 쓰려고 했을 때는 그 건축물 자체가 가지는 이미지, 그러니까 사람들에게 주는 인식 자체가 어느 정도 좋았기 때문이 아닌가 하는 생각도 해봤습니다.

공공의 용도로 사용하는 건축물 중에서 세마창고 건물은 규모가 아주 작은 것일 것입니다. 인접한 도로 측에는 이전에 식약청 내 경비실이었던 감시초소의 소규모 건물도 조형물처럼 보존하고 있었습니다. 정부 부처가 있던 자리에 남아있는 큰 규모의 건물들은 다양한 용도로 사용이 가능하지만, 창고나 감시초소 같은 건물은 실제로 사용할 경우 기능성이 매우 낮아서 본래의 기능과는 다른 새로운 기능을 담기에 부족하였을 것입니다. 그렇지만 외부로부터의 접근성을 고려했을 때 이 초소 건물처럼 인접도로에서 시각적으로 먼저 인지되는 부분은 무시하지 못할 것이라고 여겨집니다. 그래서 작은 건물이지만 철거하지 않았을 테고, 전시 혹은 프로그램을 연계하여 다른 방식으로 활용하는 것도 가능하겠지요.

오래된 벽돌 건물의 모서리를 구조용 철판으로 틀을 만들어 보강하는 방식도 볼 수 있습니다. 규모가 작은 단층 건물이어서 단순하게 보강한 것입니다. 벽돌 벽면은 창이나 문이 있는 개구부 모서리 주위에서 갈라짐이 시작됩니다. 그리고 건물 외부의 모서리면에서도 수직으로 갈라짐이 생기는데, 이렇게 외부 모서리 부분에 갈라짐이 발생한 건물은 보강이 시급한 건물입니다.

이 건물 옆면에는 오래되어 부식된 철문이 있었습니다. 원래는 페인트칠이 벗겨져 녹슬어 있는 모습인데, 마감할 때 그 철문을

외벽에 구조보강을 한 모습을 볼 수 있다.

(위) 작은 초소 건물이라도 전시 연계 활용이 가능하다.
(아래) 오랜 시간의 흔적을 남겨둔 철문

그대로 다시 코팅해서 부식의 흔적을 그대로 보여주는, 조금 교과서적인 리모델링 방식을 볼 수 있었습니다. 오래된 장식이 그대로 있고 녹슨 흔적이 그대로 있는 모습을 유지하여 추가로 덧붙이거나 손을 대지 않고, 있는 그대로 활용해서 쓰기 위한 최소한의 보존 처리만 하는 것입니다. 얼핏 보기에 낡은 건물의 철문이 건축물과 같이 남아서 부지의 역사성을 지키는 것이라는 생각이 듭니다.

  얇은 철판에 'ㄴ'자 모양의 단면을 가지는 철 부재를 뼈대로 하여 만들어진 이런 식의 문은 오래된 건축물에 많이 설치되어 있고, 특히 이렇게 노출된 뼈대와 잠금장치들은 창고 건물들에 지금도 많이 남아있습니다. 오래된 벽돌 벽면에 철재 뼈대로 만든 철문 혹은 철제 창문이 남아 있는 모습이 지금은 사용하지 않는 과거의 건축 방식을 보여줍니다.

  서울혁신파크는 식약청이 충청북도 오송으로 이전하기 전에 사용하던 부지였습니다. 과거 질병관리본부와 같은 국립 시설이 여러 군데에 있었고, 주인이 떠난 그 자리의 건물들을 개보수하여 청년청, 미래청, 세마창고 등 다방면으로 서울시가 사용하고 있습니다. 실내의 마감재를 뜯어내고 건립 당시의 구조체를 그대로 볼 수 있는 마감 방식도 볼 수 있었습니다. 부지 내의 가장 최근에 지어진 건물이 1989년인 것 같아요. 그러니까 벌써 25년 이상 나이를 먹은 건축물들이 다양한 규모로 모여있는 단지입니다.

  세마창고처럼 건축 자산을 활용한 공공의 시설이 모여 있는 장소들은 지하철역 연계 지역에 있어 대중교통도 유리한 위치에 있습니다. 단지 내의 건축물들도 처음 조성된 이후 내부에서 많은 변화를 거치게 됩니다. 새로운 건축물을 조성하기 위해 이전의 노후 건축물을 철거하지요. 하나의 단지에 조성 시기가 다른 건축물들이 혼재한다는 것은 다양한 의미가 있을 것입니다. 시기마다 다른 역할을 해야 할 수도 있었을 겁니다. 세마창고가 단지 내에 남아있을 수 있었던 것은 역설적이게도 규모가 너무 작아 철거하고 신축을 위한 대체 부지로 삼기에 불리한 여건이었기 때문일 거라는 생각도 해봅니다.

체부동 교회

　체부동 교회는 서울시 우수건축자산으로 등록이 된 건축물인데요. 벽돌이란 재료를 과거에 어떻게 썼는가 하는 것을 체부동 교회 건물을 보면서 생각해 볼 수 있습니다. 벽돌의 길이 만큼이 벽 두께가 되는 방식인 구조체 방식과 달리, 마감용으로 벽돌을 쓸 때는 치장 벽돌[10]이라는 걸 사용해서 벽돌의 폭 만큼이 벽 두께가 되는 방식으로 주로 쓰는데, 이 경우 쌓기 방식은 두 가지밖에 없습니다. 구조적으로 반씩 물려서 막힌 줄눈 쌓기를 하거나 줄눈을 맞춰서 통줄눈 쌓기를 하는 방법이죠.[11]

　이 건축물의 경우는 벽돌의 긴 면과 단면이 번갈아 보이도록 쌓았어요. 즉 이 벽돌 벽의 최소 두께는 벽돌 두께의 2배 정도 되는 겁니다. 벽돌 쌓기 용어로 1.0B 쌓기[12] 방식이라고 하는데 이 1.0B 쌓기를 한 저층 건물은 외벽 자체가 구조 역할을 합니다. 창은 아치를 만들어야 하므로 벽돌의 특성상 폭에 제한을 받습니다. 그래서 콘크리트 건물과는 다르게 좁은 폭의 창문이 들어갔는데, 교회이기 때문에 아치형 창을 중요시한 것인지 벽돌을 쌓아 만든 창 위에 아치 모양이 제대로 나타난 건물이더라고요. 오래된 건축물이라서 아치에서 가장 힘이 많이 쏠리는 부분에 금이 가 있는 상황입니다. 지금 시대에도 벽돌 건물을 지으면서 그렇게 아치를 제대로 쌓을 수 있을까요? 가능하겠지만 굉장히 품이 많이 드는 일이라서 요즘의 벽돌 마감 건물은 그렇게까지 노력을 들이는 경우가 드문 것 같습니다. 문화재를 보수할 때가 아니면 잘 하지 않죠. 그 당시는 건축 재료로 벽돌을 흔히 썼기 때문에 벽돌을 쌓아 아치를 만드는 기술은 기본이었고, 거기에 장식을 더해 돌출된 아치를 만들거

10
건물의 외장에 마감용으로 쓰이는 벽돌로, 색이나 질감 등 원하는 효과를 나타내기 위해 만들어진 벽돌이다.

11
벽돌을 쌓을 때 벽돌과 벽돌 사이 틈을 줄눈이라 한다. 막힌줄눈과 통줄눈 쌓기의 방식은 아래 그림과 같다.

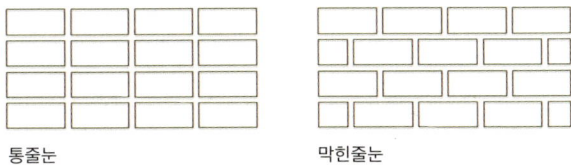

통줄눈   막힌줄눈

12
1.0B 쌓기

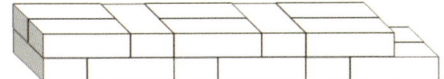

나 했었어요.

　개구부가 만들어지면 그 밑에 돌로 된 창대를 두어서 창틀을 타고 흐르는 물이 내부로 들어오지 못하게 물 처리, 마감 처리를 합니다. 그 창대와 벽돌 벽이 만나는 부분, 창대 밑으로 보이는 오래된 흔적들이 인상적입니다. 줄눈도 돌출된 곡면을 만드는 방식으로 넣은 걸 보면서 '벽돌 건물을 이렇게까지 공을 들여 만들 수 있을까'라는 생각이 들었습니다. 그리고 그렇게 벽돌을 공들여 사용하는 방식은 김중업 건축연구소에서 김중업 건축가가 1980년대 초 주택 건축에서 삼각 벽돌로 곡면의 형태를 만들면서 시도했던 방식 못지않게 상당히 노력한 것이라고 생각했습니다. 최근 젊은 건축가들이 쓰는 벽돌의 사용법이나 혹은 전원주택 잡지 같은 매체를 통해 벽돌 건물이 인기를 끌면서 보이는 방식에는 어떤 유행하는 패턴이 있습니다. 그런 패턴은 굉장히 장식적인 데에서 그칩니다. 벽돌 건물의 개구부에서 드러나는 부분이 모두 금속 처리되어서 굉장히 차갑고 가벼운 느낌으로 끝나는 데 비해서 이 건축물은 굉장히 공을 들여 만들었다는 인상을 줍니다. 최근에 서울시 우수건축자산으로 등록되었으니 앞으로도 오랫동안 남아 있을 것으로 생각합니다.

숙명여대 인근 롯데기공

숙명여대 근처에 벽돌 건물이 하나 있었는데, '롯데기공'이라는 회사에서 사용하는 건물이었습니다. 체부동 교회 벽돌 건물과 비교해 보았을 때, 체부동 교회는 2층이 안 되는 정도의 건물이지만 이 건물은 4층 정도 되는 공장형 건물임에도 불구하고 벽돌 마감이 잘 되어 있었습니다. 외부 골목에서 보이는 큰 공장의 외벽, 그 느낌이 굉장히 압도적이었습니다. 3층 이상 되는 높은 벽돌 벽의 어떤 부분은 지금 시멘트 미장으로 막아서 마감이 되어 있었는데, 원래는 창이 아니었나 싶습니다. 최근에 막은 듯한 이 부분에 창을 다시 끼워 놓으면, 지어질 당시의 원래 건물로 되돌아갈 것 같은 느낌이었어요. 한 개 층을 구분할 때마다 띠 장식을 넣었는데, 그 장식도 벽돌로 되어 있어서 굉장히 인상적이었습니다. 아치를 이중으로 처리한 것도 그렇고요. 그 외에도 길이 방향과 마구리 방향을 번갈아 쌓는 구조 벽 쌓기는 오래된 벽돌 건축의 전형적인 모습을 하고 있죠.

오래된 건축물이 처음 지어졌을 때의 모습을 시간이 지나도 그대로 유지하고 있기란 힘든 것 같아요. 손을 탄다고 할까, 용도가 바뀔 때마다 사람들에 의해 변형된 흔적이 남습니다. 시멘트로 막혀 있는 부분처럼 오래된 건축물이 여기저기에 덧댄 흔적이 있고 증축으로 덧붙여진 상태로 남은 모습은 지나가던 행인이든 건축을 전공한 사람이든 관계없이, 누구나 흔히 보게 되는 익숙한 풍경인 것 같아요.

1990년에 대학생이 되어 1호선 시흥역에서 전철을 타고 통학을 하였는데, 도보로 시흥역 가는 길에 '대한전선' 공장이 있었습니다. 대한전선 공장은 나중에 안양으로 이전하였고, 현재 그 부지를 포함한 일대는 대규모 복합단지 개발계획이 본격화하고 있습니다. 지금도 매일 통학 길에 보았던 그 긴 벽돌 벽이 인상 깊게 남아있습니다. 당시에는 그 건물이 오래된 건물이라는 인식보다는 매우 큰 벽면이라는 생각뿐이었지만요. 주거지에서 전철역으로 나오면서 마주하는 큰 부지에 지어진 공장 건물의 외벽 면이 개인에게 주는 위압감 같은 것도 느꼈고요. 그래서인지, 졸업할 때가 되어서는 그 벽면이 가지는 의미가 다르게 느껴졌습니다. 후에 서울 시내의 다양한 건축물을 경험하고 나서야 든 생각인지 모르지만, 벽돌 벽면을 가진 공장이 보여주는 인상이 역에서 주거지로 향하는 사람들에게는 하나의 도시 이미지로 작용할 것이라는 생각이 들었습니다.

　이 건축물처럼 벽돌 건물 외부에 기둥이 드러나는 경우는 좀 드문 것 같습니다. 3층, 4층 이상의 건물을 벽돌로 짓다 보면 벽돌로 기둥을 만들어야 하는 상황이 발생하죠. 배수관이 매달려 있는 부분이 벽돌 벽의 기둥 부분입니다. 층을 구분하는 장식도 굉장히 인상적이고, 또 그런 건물이 한 채만 있는 것이 아니라 세 채가 붙어 있어서 좁은 골목길에 상당히 고압적인 느낌을 주면서도 벽돌 벽이 가지는 구조적 미(美)가 강합니다. 뒷면에는 벽돌이 그대로 남아있고 측면에는 도장이 되어 있었습니다. 건물 사용자들이 보는 관점과 외부에서 보는 관점에 차이가 있는 게 아닌가 생각이 듭니다.

　2019년 봄부터 이 건물의 철거를 위해 공사 가림막들이 서고 공사 안내 표지판이 붙었습니다. 하얀 공사 가림막이 붉은 벽돌 벽면을 가리고 상부에 지붕 부분만 조금 보였었는데, 잠시 들러서 다시 한번 벽돌 벽을 마주할 기회도 없이 결국 2주 만에 철거가 시작되었습니다. 가로변에 공사 가림막이 서고 일주일 정도 지나면 가려져 있던 오래된 건물의 측면이 보이기도 하고 공사 현장에는 붉은 벽돌들이 쌓이다가 없어집니다. 이렇게 건축물이 사라질 때, 기존의 건축물에 대하여 제대로 기록이 이루어지고 있는지 궁금합니다. 누군가 제대로 건축물을 기록하였기를 바라보지만, 대부분의 오래된 건축물들은 다시 활용될 기회를 얻지 못하고 사라져가고, 사람들의 집단기억 속에서 빠집니다. 다시 그 장소를 찾은, 그 건축물을 기억하는 사람들에게 아무런 표시도 남기지 못하고 말입니다. 새로운 건축물이 대지의 빈자리를 차지하기 전까지 계속 아쉬움이 남습니다.

3

거리에서 마주치는 건축가들

김중업의 벽돌

연희동 사러가마트 바로 옆에 김중업 건축가의 건축물이 있습니다. 가까이 다가가서 자세히 보면 김중업 건축가의 작품이라는 명판이 동판으로 새겨져 벽돌 타일 벽에 붙어 있어요. 예전에는 2층에 카페가 입주해 있어서 일반인도 내부를 들어가서 볼 수 있었습니다. 2012년경 지음 건축도시연구소의 최호진 소장과 대학에서 강의를 하고 있던 이현정 박사와 답사 모임을 할 당시, 셋이서 같이 내부를 처음 둘러보았습니다. 외관만을 보았을 때는 까만 지붕을 가진 벽돌 건물로만 인식했는데 실제로 들어가서 보니까 그 벽돌이 일반적이지 않다는 것을 알았습니다. 실내에 벽난로가 있었는데, 그 벽난로를 마감한 벽돌이 사실은 제가 건축학과 재학 당시 건축시공학을 배울 때 교과서에서만 봤던 삼각형의 단면을 가진 벽돌 - 삼각기둥 모양의 벽돌이었습니다.

건축가 김중업은 이렇게 건축물의 마감 재료를 다양하게 쓴 사람이었습니다. 세계적인 여성 건축가인 자하 하디드[1]가 설계한 비정형의 건축물인 동대문디자인플라자처럼, 지금의 젊은 건축가들이 유선형의, 혹은 비정형의 건축물 볼륨을 만들기 위해 애를 쓰는데 이미 1982년, 1983년에 김중업이라는 건축가가 그런 곡면 지붕을 만들었던 거죠. 사실 김중업 건축연구소에서는 이미 1960년대 곡면의 지붕을 가진 주택을 설계하고 있었습니다. 자기가 원하는 지붕의 곡선을 만들기 위해서 이 건물만을 위한 삼각 벽돌을 소량으로 벽돌 공장에 주문 제작해서 만든 거죠.

---

[1] 자하 하디드(Zaha Mohammad Hadid, 1950~2016)는 이라크 출생의 영국 건축가로, 프리츠커상을 받은 최초의 여성 건축가이다.

연희동에 위치한 김중업 주택 건축

그 건물에 앉아 벽난로를 쳐다보면서 커피를 마시면서, 건축가가 자신이 원하는 어떤 건축물을 만들어내기 위해서 굉장히 노력하는구나 싶었습니다. 그 당시에는 벽돌 생산 공장이 모래내나 중랑구 정도의 서울 외곽에 위치해 있었어요. 그런 생산 공장이 가까이, 그것도 한두 군데만 있던 것이 아니라 여러 군데 있었기 때문에 원하면 그만큼의 소량도 생산할 수 있었다고 생각합니다. 사실 주택 하나를 만들기 위한 외벽 마감 재료를 주문 제작한다는 건 지금은 매우 어렵습니다. 하지만 당시는 1980년대 초였기 때문에 건축가가 마음만 먹으면 이런 형태를 구현하기 위해서, 혹은 자기만의 독특한 건축물을 구현하기 위해서 이런 재료를 쓸 수 있지 않았을까 생각이 들었습니다. 한편으로는 지금의 건축가들도 건축물을 지을 때 자신이 쓰는 재료를 제대로 이해하고 써야 하지 않나 하는 반성의 생각도 들었습니다.

최근 건축가 김중업의 다른 주택도 답사해보고, 김중업의 건축연구소에서 근무한 분들의 작품도 찾아보고 조사하게 되면서 이런 식으로 벽난로를 구현한 볼륨, 그러니까 유선형, 비정형의 형태가 김중업 건축가의 주택 작업에서 굉장히 중요한 부분임을 알게 되었어요. 그저 책을 통해서만 알고 있던 건축가를 관심 있게 들여다보고 작품을 찾아가 보도록 하는 계기가 되었죠.

우연하게도, 강원도 시골에서 자란 어린 소년이었던 제가 서울로 전학을 와서 성장하면서 처음 건축적 경험을 한 건축물이 신길동의 썬프라자[2]입니다. 초등학교 6학년 때 친구들과 버스를 타고 구경을 하러 간 썬프라자 백화점의 콘크리트 경사로에서 도로

---

[2] 1979년에 설계하고 1982년에 준공한 썬프라자는 서울 영등포구 신도림시장에 지어진 지하 1층, 지상 3층 규모의 상업시설이다.

를 내려다보던 기억과, 옥상에는 마치 공원처럼 조형물들이 있었던 기억, 그리고 뾰족한 탑 모양의 건물 형태를 본 기억이 있습니다. 아직도 그 당시 경사로에서의 경험이 생생하게 기억납니다. 대학교에 들어와서 책에서 그 건축물을 보게 된 후 몇 번을 다시 찾아가 보았고, 지금도 원형을 유지하며 남아있는 그 건축물 앞을 지날 때면 많은 생각이 듭니다. 건축을 전공하면서 서울에 있는 김중업 건축가의 건축을 찾아서 답사하면서, 아리움 사옥(당시 서산부인과 병원)과 욱일빌딩을 만나게 되었고 올림픽공원의 조형물도 김중업 건축가의 작품인 것을 알게 되었습니다.

  신길동의 썬프라자 건물과 연희동의 주택 건물은 각각 영등포와 서대문에 위치하여, 서로 떨어져 있는 지역이지만 하나의 공통점을 가지고 있습니다. 사러가마트라고 불리는 당시의 대형 마트가 근처에 있다는 것입니다. 연희동의 사러가마트 고객센터에는 고객용 화장실로 가는 벽에 일 층과 이 층에 개업 당시의 사진들이 있습니다. 신길동과 연희동은 70년대와 80년대 군부의 요직 인사들이 많이 거주한 신흥 부촌이었습니다. 그리고 80년대 초까지 건축계의 선두그룹에 있었던 김중업 건축연구소의 작품들이 이 지역에 지어졌습니다. 김중업 건축연구소의 주택 건축 작품들은 한남동에도 몇 채가 남아 있습니다. 한남동 또한 1960년대 초에 형성된 주택지로 유엔빌리지로 불리는 지역과 서울시장 공관이 있는 지역은 고급 단독 주택지였습니다. 김중업 건축문화의 집으로 사용되는 주택이 남아있는 장위동 역시 1960년대 말에 공급된 고급 주택지였다고 합니다.

  김중업이라고 하는 건축가의 주택 건축 작품에는 공통으로 사용된 건축 어휘가 있고, 사용된 재료라든지 계단, 스테인드글라

스 장식과 같은 공통점이 있습니다. 지어진 지 오랜 시간이 지난 건축가의 주택을 지금의 우리가 답사할 때면 건축가가 강한 의지로 다양한 시도를 하고 건축적 완성을 추구한 흔적들을 만나게 됩니다. 그리고 우리는 건축가의 건축물을 통해서 그 시대와 직면하는 시간을 가지게 됩니다.

장위동 소재의 김중업 주택 내부에 삼각 벽돌로 만들어진 벽난로

성북동 소재의 김중업 주택 건축

대학로 건축가들의 건축물

대학로 상업지역에는 좋은 건축물이 많이 있는 것 같아요. 김석철[3] 건축가가 설계사무실로 사용한 건물도 있고, 조건영[4] 건축가가 설계한 조형미와 구조 미가 인상 깊은 건축물도 있습니다. 2000년대 초반은 승효상[5] 건축가가 왕성하게 활동했던 시기이기도 한데, 노출 콘크리트라고 하는 콘크리트 구조체 그대로의 외벽 마감 방식을 즐겨 쓰던 때였고, 조건영 건축가도 자신이 설계한 건축물에서 철골 구조물을 자주 쓰곤 했습니다.

서울시 총괄 건축가를 역임한 승효상 건축가의 건축물을 보면 '아, 이건 승효상 건축가의 작품이구나'라는 걸 알 수 있는 그만의 특징이 있습니다. 좀 더 가까이 벽에 다가가서 노출 콘크리트란 재료를 건축가가 어떻게 쓰는지, 그 노출 콘크리트의 완성도를 살펴보고 사진으로 기록했습니다. 저는 답사 중에 인상 깊은 건축을 접하게 되면 건축물 재료를 위주로 사진을 찍곤 하는데, 옛날 건축물이든, 요즘 건축물이든 그 건축물을 짓기 위해 건축가가 재료를 어떻게 사용했는지에 대한 관심이 많기 때문입니다. 직업적인 관심일 수도 있고요. 특별히 대학원에서 건축 재료를 공부했던 것과 맞물리기도 해서 재료의 사용 방식을 조금 더 자세히 들여다보는 편입니다.

---

3 예술의 전당을 설계한 것으로 잘 알려진 김석철(1943~2016)은 명지대학교 건축학과에서 강의를 했으며 2004년 베니스 건축 비엔날레 특별상을 수상하는 등 한국 현대건축을 이끈 저명한 건축가이다.
4 건축가 조건영(1946~)은 1990년대 한국 현대건축의 대표주자로, 서울 종로구 동숭동의 JS 빌딩과 공덕동의 한겨레신문 사옥 등을 설계했다.
5 2014년 서울시총괄 건축가로 선임된 건축가 승효상(1952~)은 김수근 문화상, 한국건축문화대상 등 여러 건축상을 받았으며 미국 건축가협회에서 명예상(Honorary Fellowship)을 수상하였다. 대표작으로 한국 DMZ평화생명동산, 노무현대통령 묘역, 퇴촌주택 등이 있다.

대학로에 소재하고 있는 승효상 건축가의 작품

이 사진은 대학로 상업지역 내 비어있는 주차장의 모습입니다. 아마도 지금은 이곳에 건물이 들어섰을 텐데, 2001년 즈음에는 대학로 공용주차장처럼 쓰였던 곳입니다. 부근에 유명 건축가들의 사무실이 몰려 있었습니다. 광장의 김원[6] 건축가를 비롯해 승효상 건축가, 민현식[7] 건축가도 대학로를 기반으로 활동을 했었습니다. 2001년 정도만 해도 대학로의 경우 큰 고층 건물이 아니라 7층 이내의 상업 건물들이 지어지는 추세였기 때문에 알려진 건축가의 작품이 많이 있었던 것 같아요.

혜화역에서 나왔을 때 대학로 부근에서 가장 눈에 띄는 건축물이 조건영 건축가의 건축물이 아닐까 합니다. 건축을 전공해서 그런지 몰라도 구조 미 자체가 드러나는 건축물이 좋습니다. 삼각 트러스[8] 같은 철골 구조물을 외관으로 가진 것이 굉장히 인상적입니다. 건물의 지붕에 저렇게 삼각 트러스 혹은 뾰족한 삼각 지붕을 만드는 게 조건영 건축가의 특징입니다. 그래서 저는 서울 시내를 돌아다니다가 그런 비슷한 유형의 건물을 보면 사진을 찍거나 기억을 해두는 편입니다. 최근에 80년대에 활동했던 건축가들의 자료 조사를 하면서, 인상적이고 작품성이 있으면서도 뾰족한 삼각 지붕을 가진 건축물 대부분을 조건영 건축가의 기산 건축사사무소에서 만들었다는 걸 알게 되었습니다. 서울 곳곳에서 건축가의 작품들을 마주칠 수 있다는 것을 알게 되어 반가웠던 마음도 있었습니다. 대학로에서는 현재 국내 건축계에서 두드러진 활동을 하

---

6 건축환경연구소 광장 대표 김원(1943~)은 50년 남짓 건축계에 몸담아온 건축가이다. 서울 한강 성당과 샬르트 성 바오로 수녀회 서울관구를 비롯한 30개 이상의 종교 건축을 설계해온 것으로 알려져 있다.
7 건축가 민현식(1946~)은 건축사사무소 기오헌을 설립하고, 한국예술종합학교 미술원 건축과 교수로 재직하였다. 건축뿐만 아니라 파주출판도시, 아시아문화 중심도시 광주의 계획 디자인등 여러 도시계획과 도시 디자인에도 참여하였다.
8 강재나 목재를 삼각형 그물 모양으로 짜서 하중을 지탱시키는 구조.

유명 건축가의 작품을 쉽게 접할 수 있었던 대학로 상업지구

삼각 트러스 외관을 가진 조건영 건축가의 작품

는 분들의 작품들을 특히 더 많이 볼 수 있는 것 같아요.
    조건영 건축가의 작품이 있는 골목을 따라가다 보면 정기용 건축가의 무애빌딩도 만나게 됩니다. 연한 분홍 색조의 사암으로 마감이 된 뾰족한 두 개의 건물이 통로를 사이에 두고 마주한 형태의 건물입니다. 지하 출입구가 도로에 면하여 있고 그 출입구 처마에 사용된 재료가 처음 보는 재료여서 관심을 가졌던 건축물인데, 나중에 이 건축물을 정기용 건축 작품집에서 보게 되었습니다. 정기용 건축가는 건축가로서 다양한 사회적 활동을 한 것으로 알려져 있습니다. 언젠가 순천의 기적의 도서관을 답사하고 나서 정기용이라는 건축가의 활동에 관심을 가지게 되었는데, 어린이들을 위한 도서관 건축 활성화의 시발점이었던 기적의 도서관 시리즈와 무주의 공공건축 프로젝트에서 건축가의 작업으로서 다양한 시도를 하였고, 좋은 성과들을 얻을 수 있었기 때문에 이후에 공공건축가 제도가 생기게 된 계기를 제공한 것이 아닌가 생각됩니다. 서울건축학교 운영과 성균 건축설계원 설립과 같은 활동을 통해 건축계의 영역을 넓히는 데도 일조를 하신 분입니다.

  대학로의 붉은 벽돌 건물들은 문예회관이나 샘터 사옥을 설계한 김수근 건축가의 공간 건축연구소의 작품들이 많습니다. 무애 건축연구소를 운영한 이광노 교수의 서울대병원을 비롯하여 등록문화재인 방송통신대학 본관 건물은 대학로의 건축적 전통을 대변하는 오래된 건축물들입니다. 정림건축의 연건동 사옥도 종로로 가는 길에 있어서 대학로는 소규모 건축설계 사무소가 몰려있는 양재동만큼이나 건축가들이 많이 활동하는 지역입니다. 한 지역에서 다양한 건축가의 수준 높은 작품을 만날 수 있는 장소는 흔하지 않습니다. 김수근 건축가의 작품들이 역과 역 사이에 모여 있고 그 주변에 당대의 좋은 건축가들의 작품이 곳곳에 있어서 대학로를 거니는 것이 건축가 지망생이었던 저에게는 꽃밭을 거니는 기분이었습니다. 두 개의 대학이 한 장소에서 만나는 대학로에, 다양한 문화적 성취가 있고, 또 그 결과물을 담을 수 있는 문화 공간들이 있다는 것은 도시에 좋은 활력소가 됩니다.

성산동 김헌 건축물

성산동에 있는 김헌[9] 건축가의 건축물은 2001년에 대학원을 졸업하고 3년 차로 설계사무소를 다니던 시절 마포구의 노후 건축물을 조사하면서 알게 된 건축물입니다. 건축물을 짓는 사람으로서, 건축물이 어떤 외관을 가졌는지 주목하여 볼 때 주로 기술적인 부분들을 살펴봅니다. 이 건축물은 어느 잡지에 게재된 것을 보고 알게 되어서 찾아간 것이지만, 잡지에 게재된 것과 달리 사실 실제로 보면 건물 외벽에는 간판이 달려있고, 전면이 전선에 가린 모습을 하고 있어서 잡지의 게재 사진과 같은 깔끔한 감흥은 없습니다. 그럼에도 불구하고, 건축물 자체의 형태나 재료 마감에서 알 수 있는 여러 측면이 있기 때문에 직접 가까이에서도 보고 멀리에서도 보며 사진으로 기록해 두었습니다. 물론 건축사진가가 아니기 때문에 전봇대가 나와도 상관없을뿐더러, 오히려 그런 요소들이 만들어내는 장면을 일부러 기록해두기도 하죠. 건축가들이 때로는 전선이나 전봇대가 건축물을 가리거나 방해한다고 생각할 때도 있지만, 사실 그런 부분도 도시의 일상적인 모습이고, 그러한 기반 시설과 어우러진 건축물의 모습이 현실에서 접하는 건축물의 모습이지요. 그래서 간판, 전봇대 등 그런 요소를 포함해서 건축물을 보아야 합니다. 잡지를 통해서 처음 보는 건축물은 사용되기 바로 직전의 신상품과도 같은 상태입니다. 그래서 신상품으로서의 건축물과 실제로 사용되면서 변형된 건축물을 함께 비교해 보아야 할 필요도 있습니다. 나중에 몇 년이 지나서 사진으로 기록한

---

9 건축가 김헌(1960~)은 건축사사무소 어쌔일림 대표로, 한양대학교와 미시간대학교 대학원을 졸업하고 경희대학교 건축전문대학원 조교수 등을 역임하였으며, 한국건축가협회 특별상 '엄덕문 건축상'을 두 차례 수상하였다.

성산동에 위치한 김현 건축가의 작품

것을 다시 보면서 '이 건축물은 왜 이런 식으로 변형이 되었을까?' 란 기술적인 의문을 해소하기 위함이기도 합니다.

　　이 건축물은 1980년대 중반 이후 해외여행 자유화와 더불어 자비 유학이 시작되던 시기에, 해외에서 유학했던 건축가 김헌의 젊은 시절의 작품입니다. 지금은 중견 건축가가 됐지만요. 이 사람의 건축에는 비정형적인 사선과 수직 수평면의 조합이 아닌 사면의 결합이 특징인 작품들이 많습니다. 우연히, 홍대 주변에서 이 건축가의 서너 작품을 접하게 되었고, 양평을 비롯한 교외에 지어진 작품도 두 군데 정도 살펴볼 수 있었습니다. 일산의 단독주택도 외부만은 볼 수 있었고요.

　　젊은 건축가들의 건축설계 기회는 예나 지금이나 주택에서 시작되는 듯합니다. 일산 시내의 정발산동에 가면 단독주택지가 있습니다. 이 지역은 일산 신도시가 건설되면서 조성된 단독주택지로, 건축 규제[10]를 처음 적용한 지역입니다. 유학 후 한국에 돌아와 건축사무소를 개설한 젊은 건축가들의 주택 작품들이 상당수 있는 지역입니다.

　　일산 단독주택지가 호평을 받은 이후부터 신도시가 조성될 때 단독주택지와 이주자 택지라는 상가 주택지가 만들어집니다. 그러면서 판교 주택단지나 최근의 위례 주택단지가 젊은 건축가들의 기회의 장이 되었습니다. 서울 근교 큰 강에 접한 가평이나 양평에도 주말주택 붐을 타고 젊은 건축가들의 작품이 많이 지어

10　정발산 일대의 단독주택지는 신도시 조성 초기의 1992년부터 분양이 시작되었다. 이 지역은 조성 당시부터 제1종 전용주거지역으로 지정되었고, 신도시 지구단위계획과 건축조례 등이 제정되면서, 건폐율 50% 이하에 용적률 50% 이상 100% 이하의 다가구주택을 제외한 단독주택과 제३종 근린생활시설 중 슈퍼마켓, 마을회관, 마을 공동작업소, 마을 공동구판장 등의 건축물을 바닥면적의 합계가 1,000㎡ 이하로만 건축할 수 있도록 하였으며 담장의 높이와 투명도, 지붕의 모양, 주택 내 주차장의 이용 등에 대해서도 다소 엄격한 건축 규제가 적용되었다.

지고 건축 잡지에 많이 소개되었던 시기가 1990년대 중반입니다. 상업 용도를 겸한 주택이라든지 갤러리를 결합한 주말주택으로 지어진 집들은 서울 근교 나들이로 많이 찾는 곳이 되기도 하였습니다.

용산 김석재 건축물, 알파와 오메가 건축연구소

　2013년부터 지음 건축도시연구소의 최호진 소장과 같이 답사를 다니기 시작했어요. 주로 유명한 건축가의 건축물을 많이 보는 편이지만, 최호진 소장이 저보다 1950~1960년대 건축물 정보를 더 많이 알고 있어서, 제가 모르고 지나칠 수도 있는 건축물들에 대한 정보를 최호진 소장으로부터 얻어 답사를 다니곤 했습니다. 그러다 보면 과거에 지은, 다소 인지도 있는 건축가의 좋은 건축물을 볼 기회가 생기곤 합니다. 그 중에 용산에 있는 김석재 건축가가 설계한 건축물도 있었습니다. 2013년 5월경 일제강점기 때 일본의 건설회사가 지은 건물이 있다고 해서, 용산에서 국방부 청사가 있는 동네 쪽으로 답사를 했는데, 그 근처에서 김석재 건축가가 설계한 건축물을 보았습니다. 그때 건축물 벽면에 새겨진 '알파와 오메가 건축연구소'란 표시를 보았어요. 김석재 건축가가 설계한 건축물에는 항상 '알파와 오메가 건축연구소'란 마크가 콘크리트 면에 부조로 새겨져 있다는 것을 우리는 나중에야 알았습니다. 그래서 그 뒤로 알파와 오메가 건축연구소 마크가 있는 건축물을 3개 더 찾아가 보았습니다. 최근에 1970~1980년대에 활동했던 김중업 건축연구소 출신의 건축가들에 대해 자료조사를 하면서 '김석재 건축가가 알파와 오메가 건축연구소를 운영했다'라는 사실을 알았습니다.

　알파와 오메가 건축연구소를 운영한 김석재 건축가는 유명한 건축가 김중업 사무실에서 7년 이상 근무하였고, 그 후에 독립해서 70년대에는 왕성하게 활동하면서 뛰어난 작품들을 많이 설계하신 분입니다. 알파와 오메가 건축연구소라고 콘크리트에 부조로 새겼던 건, 그 당시에 건축연구소나 건축사사무소, 그러니까 건축가들이 운영하는 회사에서 유행까지는 아니지만 건축물에 설계한 사무소를 표기하는 것을 의미 있는 일로 생각했던 것 같아요. 공간의 김수근 건축가도 표기했었고, 이후 세대인 승효상 건축가도 표기했던 것 같아요. 최근 자료 조사를 통해서 보면 알파와 오메가 건축연구소라고 저렇게 새길 수 있었던 건 김석재 건축가가 그 건물의 시공까지 맡았기 때문에 가능하지 않았을까 하는 생각이 듭니다.

김석재 건축가와 인터뷰를 할 기회가 있어서 건축가로 활동하신 이야기를 들은 적이 있습니다. 1960년대에 김중업 건축연구소에 근무할 때의 말씀을 하시면서, 당시에는 설계팀과 시공팀을 설계사무소에서 같이 운영을 하였다고 합니다. 설계팀에서 근무한 것에 자부심을 가지고 계셨고, 당시 설계팀의 인원들은 나중에 중견 건축가로 많이 활동했다고 합니다. 건축사를 일찍 취득하고 독립한 뒤에 왕성하게 작품 활동을 했는데, 김중업 건축가의 청평별장 설계에서 진화된, 과감함이 특징인 연세대학교 내 루스채플이나, 한국적인 기와지붕 형태를 가진 원주제일교회, 노출 콘크리트로 지어진 춘천중앙교회를 비롯한 교회 건축물들이 많이 있습니다. 이 밖에도 건설회사를 운영하면서 여러 건축물을 지으셨고 1980년대 초에는 본격적으로 시공회사를 운영하기도 했다고 합니다. 시공회사를 같이 운영하면서 지은 건축물 중에는 작품성이 뛰어난 건축물보다는 한남대교 건너의 리버사이드 호텔과 같이 규모가 큰 건축물들을 많이 설계하셨는데, 큰 규모의 건축물들은 설계 의도에 못 미친 것이 많았다고 언급하셨습니다.

건축물이 지어진 이후에 사용하는 과정에서 건축물을 설계한 본인에게 상의도 없이 구조나 외관을 변경하는 것에 대한 서운함도 가지고 계시더군요. 본인이 오래 전에 설계한 건축물이 어떻게 남아있는지 항상 관심을 가지고 계신 듯했습니다. 자신의 설계대로 지어진 건축물에 대한 애착을 가지는 만큼 처음 의도와 달리 변형되어 사용되는 건축물을 보면 실망감이 들겠지요.

    김석재 건축가의 대표 작품들에는 용산 국방부 청사 근처에 있는 육군 군종 교회를 비롯한 교회 건축물이 많습니다. 신앙심이 두터운 분으로 교회와 관련된 일들은 사명감을 가지고 하셨다고 합니다. 이외에도, 한남동의 신동빌딩은 남산 1호터널 부근의 대지에 지어진 와인 회사의 사옥인데, 창이 없는 입면과 타일 마감 등 눈에 띄는 형태가 특징적입니다. 또 2007년에 지어진 용산구 시설관리공단 건물은 한강을 향한 전망 엘리베이터가 달린 공공건물인데, 이 역시 김석재 선생의 사무실에서 설계에 참여한 건물입니다. 용산구에만 세 군데 이상에서 김석재 선생이 참여한 건물을 볼 수 있습니다. 초기의 1970년대의 건축물들은 과감한 형태와 건축적인 완성도가 돋보이는 반면 1980년대의 작품들은 작품성보다는 시공성을 고려하여 건설된 것이 많습니다.

벽에 새겨져 있는 '알파와 오메가 연구소' 마크

마포 전쟁과여성인권박물관

2018년 5월 마포의 한 작은 미술관에 갔다가 일행들과 전쟁과인권여성박물관을 같이 방문했었습니다. 처음 갔던 미술관과 가까운 거리에 있었고 설계자가 젊은 건축가상을 수상한 팀[11]이라 건축적인 관심도 있었으므로 초등학생인 첫째와 일곱 살인 둘째를 데리고 가 보는 것도 좋겠다고 생각했습니다. 지금 사는 집이 전쟁과인권여성박물관과 가까워 차를 세워두고 봐야겠다는 생각을 하면서도 차일피일 미뤄 왔던 건축물입니다만, 이번에 최호진 소장과 미술관을 방문하고 나서 일행들과 같이 가게 되어서야 방문한 건축물입니다.

제가 건축물을 답사할 때 아이들도 같이 가는 경우는 아이들을 따라 다니느라 건축물 답사 사진을 제대로 찍지 못하는 경우가 많습니다. 나중에 따로 다시 전쟁과인권여성박물관에 갔을 때는 차를 근처에 두고 걸어 들어가면서 보니, 건축물이 좁은 골목에 면하여 있고 원래는 단독주택 건축물이었기 때문에 높은 담과 마당의 나무들로 인해 사진으로 건축물을 담기에 좋은 상황은 아니었지만 그래도 다른 건축물들과 달리 간판이나 전선에 가려지는 면이 적었습니다. 건축물이 있는 대지에 접한 도로에 박물관과 관련된 벽화나 글들이 안내를 해주고 있어 작은 박물관의 영역을 더 넓게 인지할 수 있도록 되어 있더군요.

건축물은 저와 나이가 비슷한 건축가들의 작업인데 내부와 외부의 디테일한 처리가 잘되어 있습니다. 마당에 면한 정면과 도로에 면한 벽면에 벽돌을 사용하여 마감을 하였는데, 도로에 면한

---

11 장영철, 전숙희 소장의 WISE 건축.

주택가에 자리한 전쟁과여성인권박물관

벽돌 쌓기로 입면에 디자인적 요소를 살렸다.

벽면에는 네 줄은 구조 쌓기로 쌓은 다음 한 줄은 벽돌을 세워 쌓으면서 밖으로 내밀어 쌓아 굴곡을 만들었고, 마당에 면한 정면에는 영롱 쌓기12로 네 줄을 쌓고 그 위로 한 줄은 벽돌 세워쌓기를 하였습니다. 검은 벽돌을 세워쌓기 하면서 내밀어 쌓은 줄은 띠처럼 돌출되어 반복되고, 영롱 쌓기를 한 네 줄의 벽돌은 철판에 끼워 건식 쌓기13를 해서 줄눈이 없는 벽돌 벽면을 만들었습니다.

　　벽돌과 철판을 같이 사용하여 지은 이 건축물은 주택을 리모델링한 것입니다. 건축물 내부의 칸막이 벽체들은 신축 당시 시멘트 벽돌 쌓기로 지었는데, 현재 박물관의 계단실에는 신축 당시의 시멘트 벽돌 면이 보이도록 디자인되어 있습니다. 계단실에서 보는 시멘트 벽돌은 모래가 많이 섞여있는 것으로, 벽면에는 한 줄이 마구리로 보이고 그 윗줄은 길이 면이 보이도록 교차되어 있습니다. 이는 칸막이 벽이 구조적으로 기능하도록 한 것입니다. 지금의 내진 구조설계에는 1.0B 쌓기의 벽돌 벽을 구조적인 힘을 받는 부분으로 보지 않는 경향이 있습니다. 하지만 1980년대에는 주택 규모의 건축물에서 시멘트 벽돌 벽을 매 층마다 콘크리트 슬래브의 하중을 전달받는 구조적 기능이 있다고 보았고, 건물 외벽의 테두리보14에만 슬래브 철근이 정착되는 구조가 일반적이었습니다.

　　사진 속 소녀상 옆에서 손잡고 있는 어린 친구가 제 둘째 아이인데 건축물 답사를 하면서 하는 행위

12
영롱 쌓기란 벽돌을 쌓을 때 가운데 빈 부분을 남겨놓고 쌓는 방식을 말한다.

13
돌이나 벽돌 사이에 사춤(틈에 시멘트나 모르타르를 채우는 일)을 넣지 않고 돌끼리 맞물리도록 쌓는 것.

14
조적조의 외벽의 상부에 철근 콘크리트 보를 슬래브와 일체식으로 연결되게 하는 것. 건축물이 하중을 받으면 벽 위가 흔들려 벽이 갈라지게 되기 때문에, 벽 위를 일체적으로 연결시켜 갈라짐을 방지하고 수직 하중을 받도록 하기 위함이다.

가 저와는 다르지요. 저는 사진을 찍고 내용도 보면서 건축물의 기술적인 측면을 보지만 어린 친구는 전시된 것을 보면서도 건축물의 계단과 공간을 이리저리 편하게 경험하고 나옵니다. 반면에 같이 건축물을 보고 전시를 보는데 초등학생 고학년인 첫째 아이는 지식을 얻을 수 있는 전시물에 집중합니다. 첫째 아이는 전시물의 내용에 집중하다보니 오히려 건축물을 경험하지는 못하는데, 일곱 살인 둘째 아이는 전시물에는 관심이 없고 여기저기 돌아다니다 보니 오히려 공간을 잘 경험하고 있었습니다. 건축물과 공간을 경험하는 방식이 서로 달라 인상적이었습니다.

박물관 내 이 층에는 관람자가 소녀상 옆에 앉아 소녀상과 사진을 찍을 수 있도록 설치되어 있습니다. 아직 유치원생인 둘째 아이는 거기에 앉아서 소녀의 손을 잡고 사진을 찍어 달라고 하였습니다. 그 순간에 저는, '전시물을 보는 것'에 대해서 어린아이 일수록 좀 더 자유롭다는 것을 깨닫게 되었습니다. 단독주택으로 쓰였던 작은 건축물이 박물관으로서의 다양한 역할을 전부 담을 수는 없겠지만 관람자에게 전시 내용을 인지하고 전시 관람에 집중할 수 있도록, 건축가는 건축적인 방식으로 그런 환경을 만들어 도움을 줍니다.

전쟁과인권박물관은 주택가에서 만날 수 있는 건축물이고 도로에서 쉽게 접근할 수 있는 위치에 있어서 가보는 것이 어렵지 않습니다. 마음만 먹으면 자전거 타고서 쉽게 올 수 있는 위치에 이런 좋은 건축물이, 게다가 박물관이라는 콘텐츠까지 가진 건축물이 있다는 것은 행운입니다. 대로변에는 노출 콘크리트로 지어진 건축가의 작품인 듯한 건축물도 있었고 15년 이상 지났지만 철골과 원색을 구사하여 여전히 눈에 띄는 건축물도 있었습니다. 홍대 근처에서 성산동쪽으로 가다보면 망원동 주변으로 최근에 지어진 디자인이 잘된 젊은 건축가들의 작품을 볼 수 있습니다.

평소에 차를 가지고 다니는 제 입장에서는 차를 세우고 보지 않는 이상 차를 타고 가다가 만나는 좋은 건축물이 있더라도 다시 돌아와서 보게 되는 경우는 적습니다. 하지만 종종 거리를 걷다가 만나게 되는 건축물 중에서 마음에 와 닿는 오래된 건물들이나 건축 잡지에서 본 건축물을 접하게 되면 사진으로 기록해 둡니다. 걸으면서 주변 지역의 건축물들을 둘러보고 나면, 건축물을 통해 지역의 시간과 장소들을 이해하게 됩니다.

전쟁과여성인권박물관의 소녀상

4

길에서 보는
맨홀 이야기

2016년 2월경 공덕동에서 아름다운 맨홀을 발견하였습니다. 오랜 세월로 마모된 화강석이 맨홀을 감싸고 있었는데, 요즘 맨홀들처럼 용도나 관리 주체를 알 수 있는 표시가 없고 서울시의 오래된 마크만 보였습니다. 맨홀 구멍이 일반적으로 보던 것에 비해서 크기가 두 배나 커서 조심하지 않으면 하이힐 굽이 빠질 정도입니다. 맨홀의 원을 사등분하여 구멍을 내었고, 맨홀을 지지하기 위한 화강석이 잘 다듬어져 있는 모습이었습니다. 비가 온 뒤라 깔끔했지요.

　그래서 바로 그 자리에서 수첩을 꺼내어 스케치 도면을 작성하였습니다. 주변이 보도블록으로 포장되어 있어 맨홀의 마감재인 화강석이 잘 유지되어 있었을 것입니다. 맨홀 속의 구조도 궁금해서 핸드폰의 카메라 렌즈로 내부를 확대해보니 속에 석축이 둥글게 쌓여 있음을 확인할 수 있었습니다. 이 맨홀을 발견한 이후로 맨홀에 관한 궁금증이 생겨 서울역에 있는 사무실 근처의 맨홀들을 하나하나 사진으로 기록해 보았습니다. 궁금한 부분은 한전이나 소방서에 근무하는 지인들에게 묻기도 하고요. 공덕동에서 보았던 맨홀만큼 화강석으로 잘 다듬어 놓은 맨홀을 그 뒤로 발견하지는 못했지만, 이와 비슷하게 용산구 서계동의 좁은 골목길에서는 맨홀 가장자리의 둥근 선을 따라 화강석을 가공해서 마무리한 흔적을 가진 맨홀도 발견했고 서울역 고가가 시작되는 서계동 대로변에서는 문경석이라는 붉은 화강석으로 둘레를 마감하고 '체'라는 글자를 새겨 놓은 맨홀도 발견했습니다. 이 맨홀은 새로운 것으로 교체를 하는 공사 중이라서 콘크리트로 된 하부를 제대로 볼 기회도 있었습니다. 체신부가 통신을 관장하던 시기를 경험하지 못한 세대에게 '체'라는 글자는 암호처럼 보일 수도 있겠지요. 남가

2016. 02. 12 Cofuta
신공덕동 신석연립 우측 골목

좌동의 가재울 뉴타운에서 벗어난 지역의 좁은 골목에서도 화강석으로 둘레를 마감한 맨홀을 보았는데, 이렇게 화강석으로 둘레를 마감한 방식은 1960년대 말까지 적용되어 남아 있는 것으로 보입니다.

　소방서에 근무하는 지인에게 물어보니 소화전 중에서 저상식으로 불리는 맨홀들이 소방용으로 관리되고 있다고 합니다. 현재 사용하는 맨홀과 다른 모양을 한 소방용 맨홀도 있었는데, 자료를 찾아보니 일제강점기에 밀집 주거지에 대한 수도 공급과 방화대책을 목적으로 수도관이 도심 주거지에 공급된 것을 알게 되었습니다. 소방서에서는 저상식 소방 맨홀들을 노란색 페인트로 표시하여 관리하고 있다는 얘기를 듣고, 오래된 주거지에 가게 되면 저상식 소방 맨홀들이 있는지 확인하곤 했습니다. 또, 토목 설계 중 상하수도 설계를 하는 친구에게 도로 맨홀에 대해서 물어보니, 우수(雨水) 맨홀에 대해서 잘 알고 있어서 그와 관련된 도면을 받아보기도 했습니다. 맨홀의 설치 간격과 설치 위치는 토목 설계 과정에서 계획되어 설치되고, 관리는 지자체 관련 부서에서 하는 시스템으로 유지된다고 합니다. 한전에 근무하는 또 다른 지인에게도 맨홀에 관하여 물었습니다. 들어보니, 한전과 관련된 도로 맨홀들은 은퇴한 기술자들이 관리한다고 합니다. 설치 위치에 대한 노하우와 관리 경험을 살리자는 취지입니다.

　한전의 경우 맨홀과 함께 전주(전봇대)들도 관리합니다. 맨홀들을 관찰하느라 바닥만 보면서 사무실 주변을 다니던 어느 날, 나무 전주가 밑동만 남아서 보도블록에 남겨진 것을 보았습니다. 다시 한전의 지인에게 물어보니 한전의 전주는 전부 콘크리트로 바꾸었다고 하더군요. 한국의 경우 뱀이 나무 전주를 타고 다닌다고 해서, 일찌감치 콘크리트 전주로 대체되었다고 합니다. 그런데 지음건축도시연구소 최호진 소장이 용산 기지 내에 나무 전주가 아직 몇 개 남아 있다는 얘기를 하더군요. 나중에, 세계일보가 이전한 자리에 세워진 아파트 주변 공원을 지나다가 용산기지 담 너머에 나무 전주가 있는 것을 발견했습니다. 변압기를 달고 있는 네 개의 나무 전주가 하나의 틀로 짜여진 형태였습니다. 콘크리트 전주로 대체되지 않고 여전히 남아 있더군요. 일본 소도시의 공원에서도 사용되고 있는 나무 전주를 보기도 했고요.

최근에 50년대 건설 산업의 선두에 있던 '중앙건설산업'의 기사를 '대한늬우스'를 통해서 보았습니다. '건설의 새소식'이라는 제목으로 제354호입니다. 망우리에 자리 잡은 중앙건설산업 공장에서 파일, 블록, 콘크리트 전주가 생산되는 장면과 함께 국내 수요를 충족시키고 미8군에 납품도 해서 외화 획득을 한다는 등의 기계화와 산업화에 대한 홍보가 이어집니다. 나무 전주 제작을 위한 벌목을 줄여서 산림녹화에도 이바지한다는 내용입니다. 중앙건설산업처럼 공공 기관과 유착된 건설 산업이 나무 전주를 콘크리트 전주로 대체하게 하였음을 짐작하게 합니다.

도로 맨홀의 크기와 문양은 다양합니다. 체신부의 맨홀들이 지름 90cm로 가장 큰데, 이런 맨홀의 하부에는 사람이 서서 작업이 가능할 정도로 큰 각형 콘크리트 구조체가 만들어져 있습니다. 도로 위의 맨홀들은 점검을 위한 장치입니다. 그래서 작은 크기의 맨홀도 60cm가 되는데 반해, 가스관로나 지적점처럼 굴착을 위한 표시로 사용되는 기반 시설의 표식들은 손바닥보다 작습니다. 도로 표면의 마감이 바뀌어도 맨홀들은 그 높이를 유지합니다. 마감의 높이가 변하면 콘크리트 구조체와 주철제 맨홀 뚜껑의 사이에 벽돌을 쌓거나 모르타르를 채워 도로표면에 맞추어 설치합니다.

도로 맨홀들은 대개 맨홀에 관리 주체 혹은 설치 목적이 표기되어 있습니다. 도시가스 관을 관리할 목적으로 설치된 맨홀들은 도시가스라는 표기가 있어요. 한전의 경우는 전주와 맨홀을 철저히 관리하고 있습니다. 그런데 민간 통신회사 별로 다양하게 설치된 통신관련 맨홀들이나 통신주들도 있습니다. 통신주는 한전주보다 가늘고 키가 작은 전주들로, 어지럽게 골목을 차지하고 있지요. 그리고 체신부, 데이콤, 하나로통신, 케이티, 에스케이텔레콤, 파워콤, 엘지텔레콤 등이 설치한 맨홀들도 도로에 여전히 남아있습니다. 많은 도로 맨홀들을 유심히 보면 관리 주체나 지자체의 마크 혹은 글자를 표기하고 있는 것들이 있는 반면 생산자 표기만 있는 맨홀들이 있는데, 이런 것들은 우수 맨홀이라고 합니다.

맨홀이 설치된 위치도 맨홀의 관리 주체에 따라 다릅니다. 경찰청에서 관리하고 있는 맨홀들은 건널목 신호등과 가로등 주변에서 볼 수 있고, 철도청에서 관리하고 있는 맨홀들은 지하철역이나 철도역 근처에서 볼 수 있습니다.

도로의 맨홀들은 그 도시의 기반 시설의 수준을 보여주는 정확한 시각적 기호입니다. 주철제 맨홀을 둘러싸는 마감재로 잘 다듬은 화강석을 사용했던 시절에는 그것이 근대화의 상징이었을 것입니다. 주거지에 새로운 도시문화의 도입이 시작된 것이었죠. 그러다 점점 도시의 맨홀들은 아스팔트와 콘크리트로 채워진 맨홀만 남습니다. 맨홀도 대중화, 산업화한 것입니다. 보행로에도 간혹 둘레 마감이 콘크리트 사각 틀의 형태로 된 맨홀들을 볼 수 있습니다. 노란 형광 페인트가 칠해진 소방용, 시에서 관리하는 우수 맨홀, 경철청에서 관리하는 사각형 맨홀 등 다양한 맨홀들이 있습니다. 지적도근점[1]이라고 표시가 된 것은 맨홀은 아닙니다. 지적도근점을 나타내는 주철제 원형 표식이 도로에 설치된 것입니다. 위아래가 등변이고 양 옆이 타원형인 차도용 수도계량기가 도로에 설치된 경우도 있습니다. 경사가 심한 지역은 우수 맨홀로 연결되는 아연도 그레이팅[2]이 도로를 가로질러 설치되는 경우도 많이 있습니다. 군산 시내에서는 배 정박용 철제 주물이 도로에 설치된 경우도 보았습니다. 맨홀들은 콘크리트로 만들어진 것과 철제인 경우도 있지만 이를 제외하고는 모두 주철제입니다.

주철제 맨홀 중에 안양시 표시가 있는 맨홀들이 다른 지자체에서 관리하는 맨홀들에서도 많이 발견된다는 점이 흥미롭습니다. 안양은 해방 직전 비행기를 만든다는 명목으로 화신기업에서 비행기 공장을 세운 곳이었습니다. 방위산업체와 비슷한 개념인데, 젊은 기술자들이 강제징용을 피하기 위해 이곳에 왔고, 그런 기술자들 중에는 김중업을 비롯한 건축가도 많이 있었습니다. 하지만 비행기 제작은 무산되었고, 해방 후에 남게 된 고철이 안양 지역에 풍부했기 때문에 안양시에서 주철제 맨홀을 많이 만들 수 있었던 게 아닌가 추측도 해보았습니다. 도로 맨홀에 극동 아시아의 도시화와 근대화가 투영되어 보인다면 지나친 과장일지도 모르겠으나 도시의 기반 시설은 근대화와 더불어 정부 기관이 주도한 사업으로서 정치적 영향 아래에서 건설되었기 때문에 있을 법한 일이 아닌가 합니다.

---

1 지적 측량 시 필지에 대한 수평 위치 측량 기준으로 사용하기 위하여 국가기준점, 지적삼각점, 지적삼각보조점 등을 기초로 하여 정한 기준점.
2 배수를 주목적으로 하는 도로 안전시설물로, 직사각형의 단단한 철망.

도시에는 다양한 기반 시설이 겉으로는 보이지 않는 곳인 도로 하부의 콘크리트 통로에 설치되거나 전신주 꼭대기로부터 전선의 형태로 뻗어 나갑니다. 또한 도시에는 교량이나 육교와 같은 건축물 규모의 기반 시설들도 있고, 공원이나 하천처럼 건축물보다 규모가 넓고 큰 기반 시설들도 있어서, 건축물을 둘러싸고 있습니다. 건축자산법에서는 이러한 시설들을 기반 시설과 공간 환경으로 나누어 구분하고 있습니다.

　　도로의 맨홀이나 전주와 같은 기반 시설은 건물을 짓는 입장에서 보면 시작과 끝에 관계되어 있습니다. 수도와 가스와 전기를 인입하는 행위는 건물을 짓는 일에서 먼저 고려되고, 건물에 설비를 마치고 난 후에 배출되는 오수와 우수와 하수를 도로에 있는 기반 시설에 연결합니다. 수도계량기와 가스검침기, 그리고 전기계량기는 외부에서 확인이 가능한 위치에 설치하여 검사와 검침이 용이하도록 해야 합니다. 이렇게 건축물과 밀접한 기반 시설들은 대지 내에서는 중요하지 않게 처리되거나 구석으로 밀려납니다. 건축가가 현장에서 설계를 위한 여러 가지 조사를 할 때에는 인입 공사와 관련한 기반 시설의 위치를 파악하는 것도 중요합니다.

　　1985년에 지어진 장위동 주택의 증축 공사를 위해 김중업건축연구소에서 작성한 배치도 도면에 보면 옥외 맨홀 상세도가 있습니다. 기성제 주철제 맨홀 뚜껑을 콘크리트 틀에 올려놓은 형식입니다. 현재도 기성제 주철제 맨홀 뚜껑은 디자인적 측면보다는 실용적 측면에서 사용됩니다. 반면 일본의 경우 디자인적 측면으로 접근하여 화려한 맨홀들이 많습니다. 일본은 최근에 기술과 디자인 모두를 중시한 '디자인 맨홀'을 하나의 문화로 성장시켰죠.

　　사무실 주변에 있던 문경석 마감의 체신부 맨홀이 없어지고 나니 아쉬움이 남았습니다. 이 주변의 맨홀들을 기록해 둘 수 없을까 해서, 서울역 도시재생센터의 주민공모사업의 일환으로, 지음 도시건축연구소와 함께 서계동의 건축과 시간을 다루는 기록 사업을 진행하였습니다. 만리재로의 맨홀들을 사진으로 기록하고 도면을 만들어 기록하였습니다. 물론 서울시에서도 주기적으로 기반 시설이 포함된 지도를 작성하고 있지만, 개별 사진을 같이 기록하는 지는 알 수 없습니다. 우리 주변에는 건축물, 기반 시설, 공간 환경 등 도시를 구성하는 여러 가지 요소들이 있습니다. 이러한 것들은 도시 변화와 함께 나타나고 사라지는 것을 반복합니다. 도시의 기반 시설들을 점검하기 위한 맨홀들은 일상생활에서 눈에 띄지 않게 자리 잡고 있지만 신축이나 기반 시설의 개량 공사를 하게 되어서야 그 역할을 알게 됩니다. 우리 주변의 도시 환경이 시간의 흐름 속에서 어떤 역사를 가지고 변화해 왔는지 누군가는 기록해 둘 필요가 있을 것 같습니다.

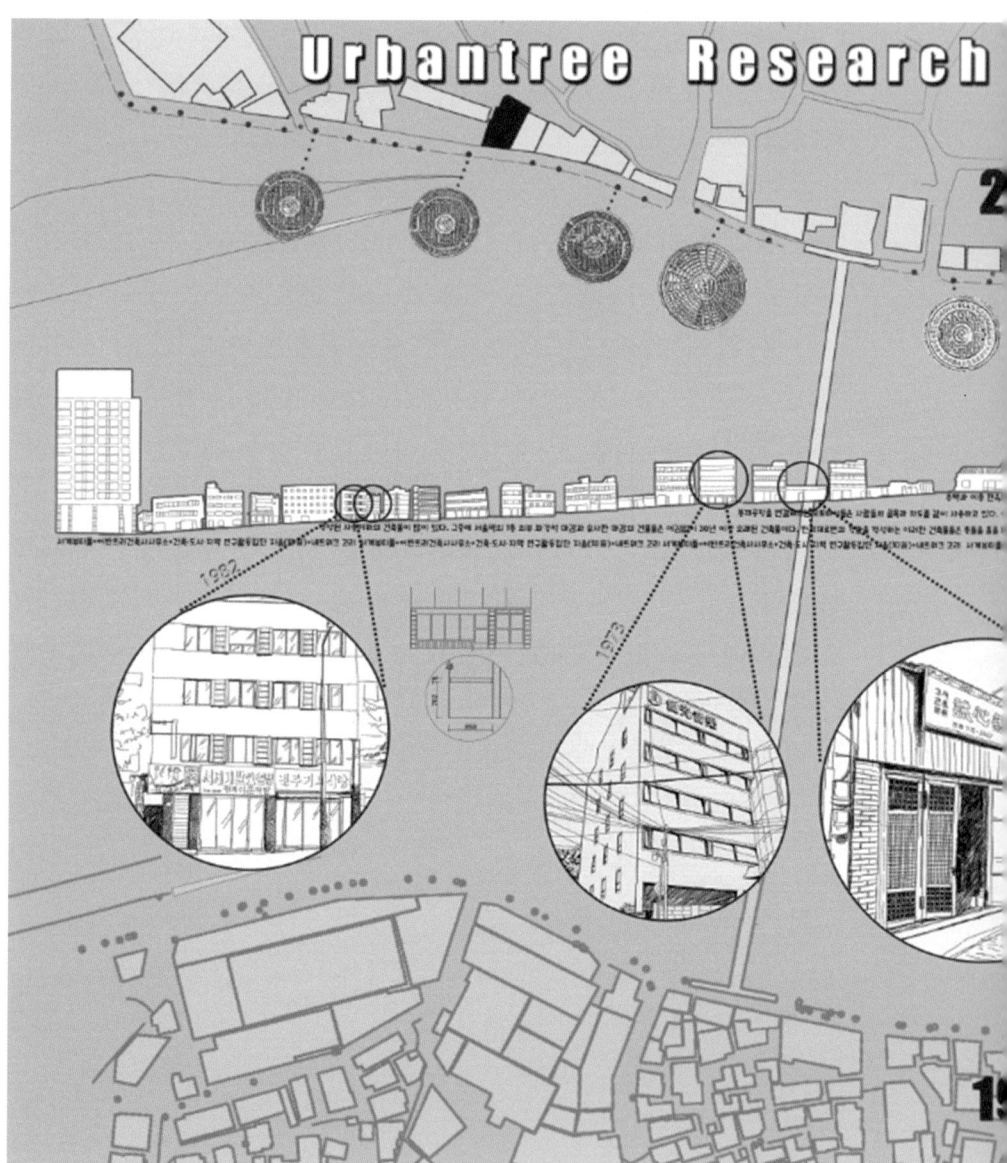

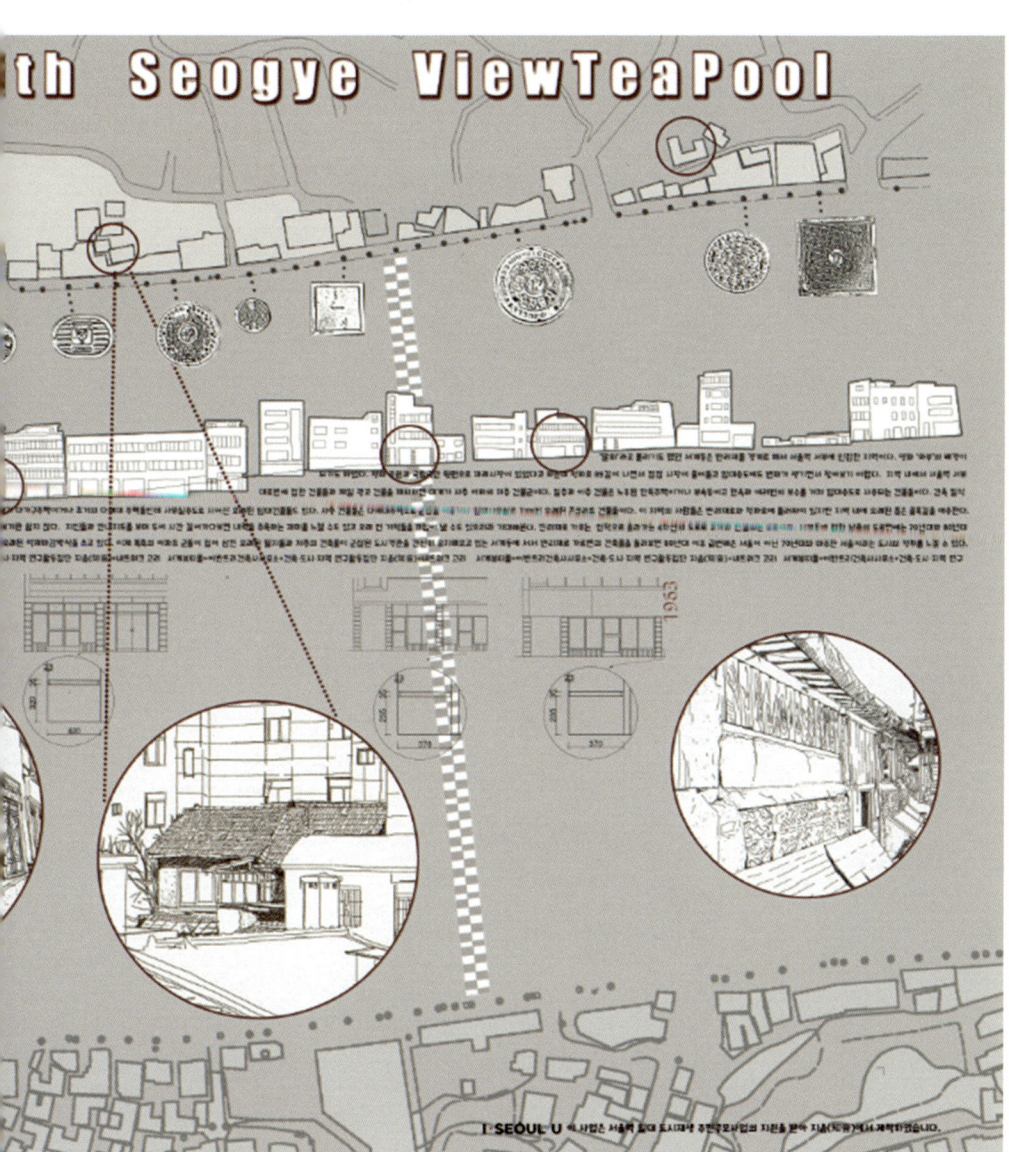

1 서울 만리재로변 통신 관리용 주철제 맨홀	2 인천 중구 우수 관리용 주철제 맨홀 아스팔트 마감	3 인천 중구 日山표기 우수 관리용 주철제 맨홀 보도블럭 마감
4 서울 서대문구 증산동 우수 관리용 시멘트 모르타르 마감	5 서울 만리재로변 배기변 관리용 주철제 맨홀	6 서울 만리재로변 상수도 관리용 주철제 맨홀
7 서울 만리재로변 소방용수 관리용 주철제 맨홀 보도블럭위 황색페인트마감	8 서울 만리재로변 상수도 계량기 주철제 맨홀	9 서울 만리재로변 경찰청 관리용 주철제 사각 맨홀
10 서울 만리재로변 케이블티브이 통신 관리용 주철제 사각 맨홀	11 군산 오수 관리용 주철제 맨홀	12 서울 만리재로변 우수 관리용 주철제 맨홀 보도블럭 마감

13 서울 용산 이촌역 인근 철도청 관리용 사각 맨홀	14 서울 만리재로변 체신부 통신 관리용 붉은 화강석 둘레 마감	15 서울 만리재로변 하수 관리용 주철제 맨홀 보도블럭 마감
16 서울 서대문구 증산동 下표기 우수관리용	17 서울 만리재로변 경찰청 가로등 관리용 주철제 사각 맨홀	18 서울 용산구 서계동 우수 관리용 주철제 맨홀 시멘트 마감
19 서울 강남구 삼성동 대한 도시가스 인입 관리용 주철제 맨홀	20 서울 만리재로변 우수 관리용 주철제 맨홀 보도블럭 마감	21 서울 만리재로변 경찰청 관리용 주철제 맨홀
22 서울 서초구 조달청 내 우수 관리용 주철제 맨홀	23 서울 용산구 서계동 우수 관리용 주철제 사각 맨홀 붉은 화강석띠 마감	24 서울 용산구 서계동 소화전용 주철제 맨홀 페인트띠 내부 마감

뒤로는 아파트가, 앞으로는 단층 한옥이 있는 모습. 재개발이 진행되던 당시 황학동 일대의 모습이다.

건축물은 '단품 생산'이라는 특징을 가진다는 말을 읽은 적이 있습니다. 하나의 대지에 두 건축물이 동시에 자리 잡을 수 없다는 것을 설명해주는 말이었는데, 사람의 기억에는 한 장소에 두 가지 건축물이 자리 잡을 수 있습니다. 하나의 건축물만을 담을 수 있는 대지의 물리적인 한계를 사람들의 기억은 넘어서지요. 기억이 가지는 의미가 건축물에 반영이 되거나 기억의 흔적이 건축물에 보전된다면 좋겠습니다.

옥상과 창문
눈으로 보는 건축 시간으로 보는 도시

초판 1쇄 발행 2019년 9월 3일
초판 2쇄 발행 2020년 8월 7일

지은이 이주타 최호진
엮은이 임보람
편집 우현정 임도울 임보람
디자인 메타폴리오
사진출처 이주타 최호진

펴낸곳 플랜비북스
주소 서울시 서대문구 가좌로 108-8
전화 02-308-1088
등록번호 제2019-000024호(2019년 3월 13일)
값 16,000원

ISBN 979-11-967820-0-9

이 책에 수록된 모든 글과 사진은 저작권은 저자와 출판사에 있습니다.
저작권법에 의하여 보호를 받는 저작물이므로 무단 복제 및 전재를 금하며,
저자와 출판사의 서면 동의 없이 어떠한 형태로든 무단으로 사용할 수 없습니다.

이 책은 한국문화예술위원회의 2019년도 시각예술 창작산실 전시지원 사업의
문예진흥기금을 지원받아 발간되었습니다.